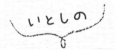

小さな小さな動物刺しゅう

itosino（EdaMaki）

はじめに

たくさんの刺しゅう本の中から、この本を開いていただきありがとうございます。

本書で紹介する「ソリュブル刺しゅう」という技法は、チャコペーパーを使った下絵写しが面倒くさくて、刺しゅうをブローチに仕上げる端処理がやりたくない…。
そんな、ちょっとズボラな刺しゅう作家が、刺しゅうをもっとラクに楽しむために考案した、ちょっと不思議で新しい刺しゅうです。
水に溶ける布を使うことで、刺し方は普通の刺しゅうとほとんど同じでも、まるで生地から刺しゅうだけが飛び出したような面白い仕上がりにできるのが「ソリュブル刺しゅう」のポイント。
ワッペンやブローチ、ジオラマやリース。
「ソリュブル刺しゅう」だから簡単に出来る楽しいアレンジがたくさんあります。

刺しゅう布から飛び出した、ふわふわの動物たちや季節のモチーフ。
これが好き！と思う図案があったら、ぜひ一度だけでも「ソリュブル刺しゅう」にチャレンジしてみてください。そしてチャレンジする中で、もっとこうすればいいのに！なんてポイントが見つかったら、どんどん自分なりにアレンジしていってみてください。従来の「刺しゅう」にとらわれず、自分が楽しく刺せる刺し方をあなたも探してみましょう。

あなたが刺しゅうを自由に楽しむためのきっかけや、道標のひとつにこの本がなりますように。

itosino（EdaMaki）

Contents

こぎつねのお散歩

こぎつねの小さな冒険。
絵本を開くような物語は
森の奥からはじまって…

#1

#2

#3

#4

#5

#6

Recipe 1 ▶ p.56

うさぎと春

ひらひら蝶々を追いかけて、
うさぎたちはぴょこんと
春に飛び込みました。

#7

#8

#9

#10

#11

#12

#13

#14

#15

#16

Recipe 2 ▶ p.62

9

初夏の小鳥たち

爽やかな風に耳を澄ますと、
聴こえてきたのは
小鳥たちの歌声でした。

#17

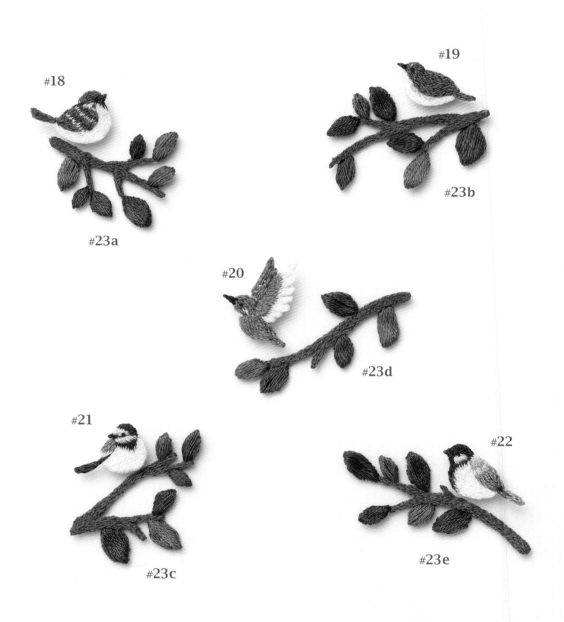

#18

#19

#23a

#23b

#20

#23d

#21

#22

#23c

#23e

Recipe 3 ▸ p.70

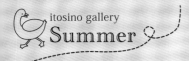

牧場の夏

いたずら子ヤギが出会った
小さな友達。
「君も一緒に涼んでく？」

#24

#25

#26

#27

#28   #29

#30

Recipe 4 ▶ p.76

たのしい海水浴

ちゃぷちゃぷ、ぷかぷか！
はしゃぐくまたちを、
海の中からこっそり見守っていたのは？

#31a

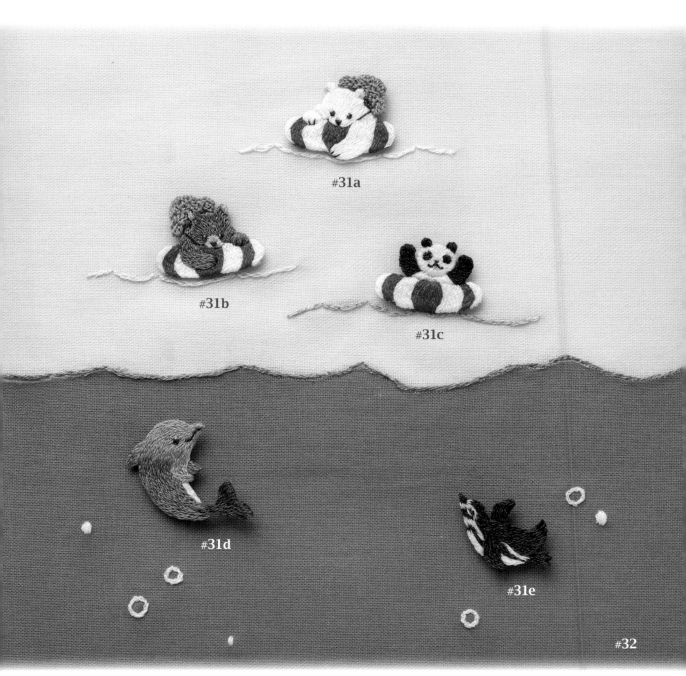

#31a

#31b

#31c

#31d

#31e

#32

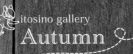

色づく秋と動物たち

#33

「まてまて木の実！」
鮮やかな秋色を追いかけて
秋も動物たちは大いそがし。

#34

#35

#37

#36

#38

#39

#40

Recipe 6 ▶ p.90

おいしい秋

読書の秋に芸術の秋。
食いしん坊な犬たちが好きなのは…
やっぱり食欲の秋！

#41

#43

#42

#44

#47

#49

#48

#50

#51

#45

#46

Recipe 7 ▶ p.100

冬の森

キラキラ星の降る夜。
ひとりぼっちのオオカミの声は
星へと届いて…

#52

#53

#54

#55

#56

#57

Recipe 8 ▶ p.108

猫たちの冬

寒い冬もなんのその！
猫たちはあったかいお部屋で
ごろごろ冬を楽しみます。

#58

#59

#60

#61

#63

#62

Recipe 9 ▶ p.114

クリスマス

クリスマスに
どんな願いをかけよう?
動物たちは小さなツリーを
飾り付けて…

#64 #65 #66 #67 #68 #69

#70 #71 #72 #73 #74 #75

#76 #77 #78 #79 #80 #81

#82 #83 #84 #85 #86 #87

Recipe 10 ▶ p.122

本書の図案の見方

✓ 本書掲載の図案はすべて「実物大図案」です。

✓ 一部図案が小さく見づらい部分は、拡大表示しています。

✓ 「作品見本」は実物より大きめに掲載しています。

✓ 図案中および文中の「S」は「ステッチ」の略です。

✓ ステッチ名に付けられている番号は「DMC25番刺しゅう糸」の「色番号」です。

✓ 番号のみ記載されているステッチは、すべて「ロング＆ショートステッチ」です。

✓ 糸は基本的に1本どり。2本どり以上の本数を使用する場合は、②・③…と丸数字で記載しています。

作品見本

作品見本は実際の作品よりも大きめに掲載しています。
刺しゅうをする際の参考にしてください。

itosino garelly
（p.6～25）の
右ページに
掲載の作品は、
すべて「原寸大」で
表示しています

実物大図案

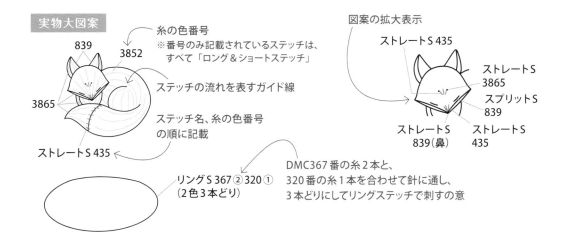

糸の色番号
※番号のみ記載されているステッチは、すべて「ロング＆ショートステッチ」

839　3852

3865

ステッチの流れを表すガイド線

ステッチ名、糸の色番号の順に記載

ストレートS 435

リングS 367②320①
（2色3本どり）

DMC367番の糸2本と、
320番の糸1本を合わせて針に通し、
3本どりにしてリングステッチで刺すの意

図案の拡大表示

ストレートS 435

ストレートS
3865

スプリットS
839

ストレートS
839（鼻）　ストレートS
435

使用する糸

435、839、3852、3865　糸の色番号

◇ Attention ◇

本書は、著者考案の「ソリュブル刺しゅう（P.28）」の技法で解説していますが、一般的なフランス刺しゅうの図案としてお好みの生地（綿生地など）にもお使いいただけます（仕上がりは多少異なります）。

８つのステッチをマスターしよう

基本の８つのステッチを覚えながら、
簡単な「木」「花」「動物」に挑戦してみましょう。
ステッチの基礎的なポイントから、
「ソリュブル刺しゅう」の基本的な仕立て方までを
解説しています。

ソリュブル刺しゅうの道具紹介

✓ ソリュブル刺しゅうとは？

通常の綿生地などは使わず、「キルターズシークレット」のみを使用して刺しゅうする新しい技法です。刺しゅう後に生地を溶かすことで、刺しゅう周りの生地をきれいに切り取ったような仕上がりに。複雑なデザインの刺しゅうも、ワッペンのようなパーツとして簡単に仕上げることができます。

- -

▶ キルターズシークレット

水をかけると溶ける、水溶性の不織布。透け感のある薄い生地で、刺しゅうの図案写しなどにも最適。本書で紹介する「ソリュブル刺しゅう」は、この溶ける生地の性質を利用して、新しい刺しゅうの仕上げ方を提案しています。

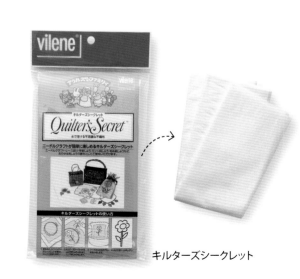

キルターズシークレット

▶ 刺しゅう枠

生地をピンと張り、刺しゅうしやすくするための枠。ソリュブル刺しゅうでは必須。本書の図案には、8〜15cmぐらいがおすすめ。

▶ 刺しゅう糸

綿100%の糸。より合わさった細い糸6本から、必要な本数を引き揃えて使用。本書ではすべてDMC社の糸を使用。

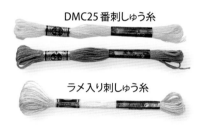

DMC25番刺しゅう糸

ラメ入り刺しゅう糸

▶ 刺しゅう針・糸通し

針先が細くとがった、刺しゅうに適した針。刺しゅう糸の本数にあわせて号数を変えて使用。糸通しは細い針穴に糸を通すのにあると便利。

糸通し

▶ ピンクッション

針を収納する小さなクッション。羊毛フェルトなど油分を含む中綿の入ったものを使用すると針が錆びにくくなる。

▶ 糸切りバサミ・ハサミ

細かい糸のカットには、刃先のとがった切れ味のよい糸切りバサミがおすすめ。生地のカットはよく切れるクラフトハサミなどでもOK。

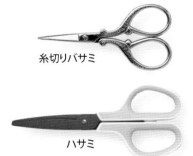

糸切りバサミ

ハサミ

▶ 水性ペン

図案を書き写すのに使用。ソリュブル刺しゅうでは、生地を溶かす際のインク残りが目立たない「フリクションペン」がおすすめ。

▶ 木工用ボンド

裏面の仕上げ処理などに使用。ノズルが細いものが使いやすい。

ボンドタッチ

▶ マスキングテープ

図案写しの際の仮固定に使用。

▶ ピンセット

水に浸した後の刺しゅうパーツの形を整えたり、小さなパーツを貼り合わせるときにあると便利。

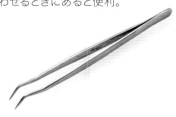

図案の写し方

キルターズシークレットと水性ペンを使用した簡単な図案の写し方と、
ソリュブル刺しゅうのための下準備をしましょう。

❖ 道具の準備

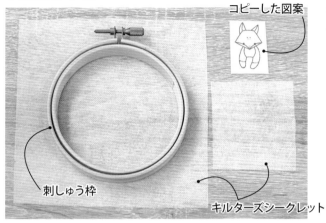

コピーした図案

刺しゅう枠

キルターズシークレット

1 コピーした図案、刺しゅう枠、キルターズシークレット2枚、水性ペンを用意する。

キルターズシークレットは、図案と使用する刺しゅう枠、それぞれのサイズよりひと回り大きく切っておく

❖ 図案を写す

2 コピーした図案の上にキルターズシークレットをのせ、マスキングテープで仮留めする。

3 水性ペンで図案を写す。ペン先がひっかかるときは、トントンと点で線を描くようにすると描き写しやすい。

4 輪郭や目の位置など重要な部分はしっかりわかるように写す。

小さい図案では、細かい部分は省略してもOK

5 お好みで毛並みのガイド線を書き足す。ペンの色を変えると主線の色と区別しやすい。

図案　　キルターズシークレット

6 いったん図案からキルターズシークレットを外し、図案と見比べながら線を補正する。

❖ 刺しゅう枠にセットする

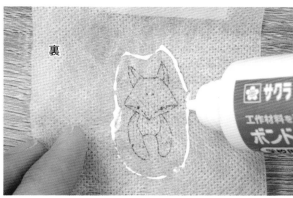

7 キルターズシークレットを裏返して、図案の周りにボンドをつける。ボンドをつけすぎると生地が溶けてしまうので注意。

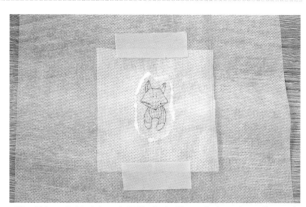

8 刺しゅう枠よりひと回り大きく切ったキルターズシークレットの上に図案をマスキングテープで留める。

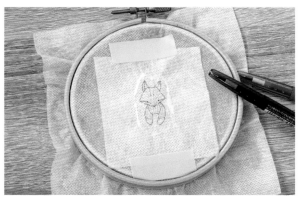

9 8のボンドが乾いたら、キルターズシークレットを刺しゅう枠にセットして準備完了。

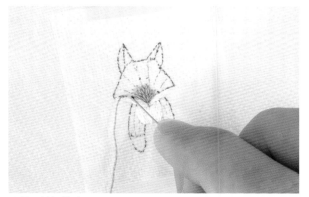

10 刺し始める。

マスキングテープが邪魔になる場合は、図案を写したキルターズシークレットの四辺をさらにボンドづけしてからマスキングテープを外しておく

◇ Hint ◇

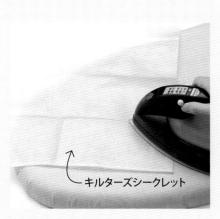

← キルターズシークレット

✓ キルターズシークレットの折りじわを取るには？

キルターズシークレットの図案写しで、折りじわなどが気になるときは、低温のアイロンをさっとかけてみましょう。
その際温度が高すぎると蒸気で溶けてしまうので要注意。
生地の端などでテストをしてからお試しください。

✓ 図案写しを失敗したら？

フリクションペンを使用した図案写しで失敗したときも、アイロンをかければ線が消えるので、生地を無駄にせず、再度書き直すことができます。

刺し始めから刺し終わりまで

玉結びや玉どめをしないなど、通常の縫い物とは少し異なる「刺しゅうの刺し始め・刺し終わり」のやり方を覚えていきましょう。

❖ 刺しゅう糸の準備

1 25番刺しゅう糸を使用する際は、番号の書いてあるラベルの下側にある糸端を引き出し、必要な長さにハサミでカットしてから使用する。

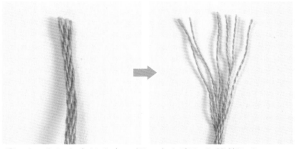

2 カットした糸は6本の細い糸を束ねた状態になっている。糸のねじれをほぐして、そこから1本どりなら1本、2本どりなら2本と必要な本数を引き抜いて使用する。

❖ 刺し始め

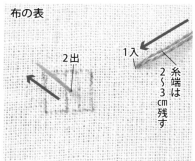

布の表

2出　1入　糸端は2〜3cm残す

3 図案から少し離れたところに表から針を入れ、糸端は2〜3cm残す。図案の内側、刺し始めたいところで針を出す。

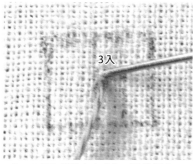

3入

4 できるだけ小さく1mmほど刺す。

5 これが玉結びの代わりになる。

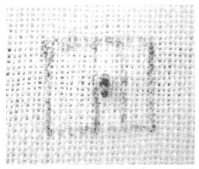

6 しっかり固定したい場合は、2針ほど刺しておくと安心。

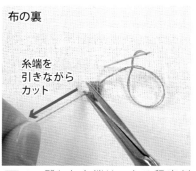

布の裏

糸端を引きながらカット

7 1で残した糸端は、ある程度刺しゅうが進んだところで布の裏に引き出し、ハサミでカットする。

❖ 刺し終わり

布の裏

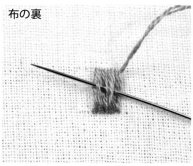

8　刺し終わりは、裏面の刺しゅう糸を1〜2回すくって糸をからめておく（生地をすくわないように注意）。

9　からめた糸の端を軽く引きながら、根本で短くカットする。

・Hint・

布の裏

裏糸を色々な角度からすくって糸をからめておくと、ソリュブル刺しゅうの仕上げに生地を溶かすとき、刺しゅうがほどけてしまうのを防ぐ補強としても役立ちます。

❖ 糸替え

布の裏

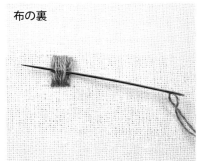

10　途中で糸を替えるときも、玉結びをせずに刺し始める。

11　刺し終わりと同様に、裏面の刺しゅう糸を1〜2回すくって糸をからめておく。

12　糸端をハサミで短くカットする。

・Hint・

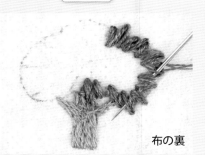

布の裏

ざっくりとしたステッチは、生地を溶かすとき特に糸がほどけやすいので、糸替えのタイミングなどでその都度、裏面を広い範囲ですくっておくと補強になります。

基本の8つのステッチ

フランス刺しゅうのステッチの中でも、動物や植物を刺しゅうする際に特によく利用する「8つのステッチ」を厳選して解説しています。

8つのステッチなど、刺しゅうのコツを動画で見てみよう

1 ストレートステッチ

▶ 直線に刺すシンプルなステッチ。長さや向きを変えることで様々な表現ができます。

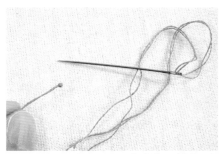

1 ストレートステッチを単体で刺すときは、糸端に玉結びをする。

2 針を出し（1出）、刺したい長さで入れる（2入）。刺し終わりは裏面で玉どめをして処理する。

2入
1出

2 サテンステッチ

▶ ストレートステッチを隙間なく刺して面を埋めていくステッチ。

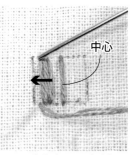

1 まず中心に1本刺し、左半分を2分割して、右から左に刺していく。

中心

2 左から右に戻って、左半分を中心まで埋める。

3 右半分も同様に刺す。分割して刺すことで、線が斜めになりにくく綺麗に仕上がる。

中心

① ② ④ ③

3 スプリットステッチ

▶ 糸を割って刺し進めるステッチ。

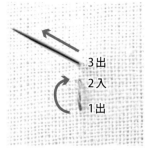

3出
2入
1出

1 1針目を刺し、半目先に針を出す。

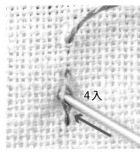

4入

2 1針目のステッチの糸を割るように刺す。

3 前の1針を割る、を繰り返して線を繋げていく。

4 カーブでは、直線のときよりステッチを少し短めにして重ねていく。

5 焦らず、ちょっとずつ曲げていくのがポイント。

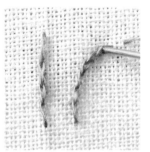

6 きれいな1本線に見えるよう、少しずつ丁寧に繋げていく。

4 ロング&ショートステッチ

▶ 短いステッチと長いステッチを繰り返し、面を埋めるステッチ。

1 1段目は短い・中くらい、長いステッチを、ランダムに並べるように刺していく。

2 2段目も長さはランダムでOK。前の段の糸を、スプリットSの要領で刺して糸を割りながら面を埋めていく。

3 3段目は2段目のステッチの長いところと繋げるようにステッチを繰り返して面を埋める。

35

5 リングステッチ

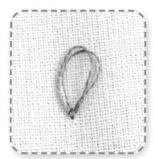

▶ 糸を輪っか状に刺しとめて作るステッチ。

↓

▶ リングステッチをカットして使う場合。ふさふさした動物のしっぽなどを表現できる。

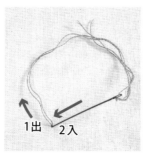

1 リングステッチを作りたい場所に針を出し、同じ穴に針を入れる。

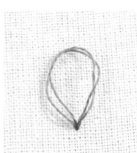

2 糸を引ききらず、必要な長さの輪（ループ）を作る。

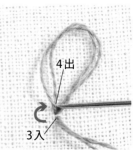

3 輪の根元のすぐ下に針を出し、小さく1針刺しとめれば、リングステッチのできあがり。

4 輪をハサミでカットする。

5 カットしたところ。

6 お好みの長さに糸を切って整える。

6 レゼーデージーステッチ

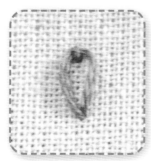

▶ 輪っか状の糸の上部を刺しとめて作るステッチ。花びらなどの表現によく使用される。

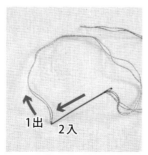

1 レゼーデージーステッチを作りたい場所に針を出し、同じ穴に針を入れる。

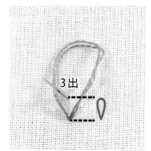

2 糸を引ききらず、作りたい輪（ループ）の高さに合わせて針を出して、糸を引いて輪を作る。

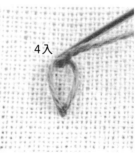

3 輪の上を小さく刺しとめる。できあがり。

7 チェーンステッチ

▶ レゼーデージーステッチを繋げて、チェーンを描くように刺すステッチ。

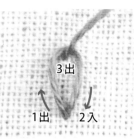

3出
1出　2入

1 レゼーデージーステッチの1〜2と同様に刺して糸を引き、輪（ループ）を作る。

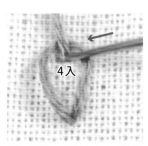

4入

2 3出と同じ穴に針を刺す。

3 糸を引ききらず、作りたい輪の高さに合わせて針を出して、糸を引いて輪を作る。

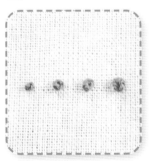

4 1〜3を繰り返して輪を繋げ、最後は輪の上を小さく刺しとめる。

8 フレンチノットステッチ

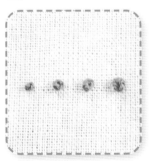

▶ 針に糸を巻きつけて結び目を作るステッチ。

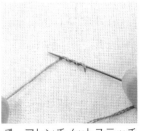

1 フレンチノットステッチを作りたい場所に針を出し、針に糸を数回巻きつける（写真は3回）。

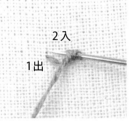

2入
1出

2 最初に針を出した穴に針を入れる。

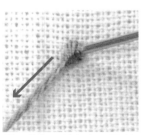

3 巻きつけた糸の玉が、生地から浮かないように、左手で糸を引っぱりながら、ゆっくり針を布の裏側へ引き抜く。

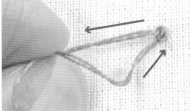

4 糸を引っぱる手は、ギリギリまで離さないようにしておくと、糸の巻きがゆるまずきれいに仕上がる。

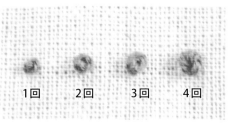

1回　2回　3回　4回

5 フレンチノットステッチのできあがり。糸を巻きつける回数を増やすと、結び目が大きくなる。

樹木を刺してみよう①

ここからは実践。動物刺しゅうでも1番使用する機会の多い「ロング＆ショートステッチ」の刺し方を、簡単な木の図案を刺しながらマスターしていきましょう。

❖幹を刺す

1 幹の内側に刺し始めの処理をする（p.32）。

布の表

2 幹をロング＆ショートS（p.35）で刺していく。

3 幹の上部は、図案の葉の部分に少しはみ出るようにしておく。

❖葉（1段目）を刺す

布の裏

4 裏返して、裏側の糸をくぐらせて糸を切る（「刺し終わり」p.33参照）。

5 幹の糸の裏側に、葉の色の糸をからめて、刺し始めの処理をしてから木の葉部分を刺していく。

布の裏

3段目
2段目
1段目

布の表

6 1段目の最初のひと針は、1段目の図案の中心から針を出し、そこからまっすぐ下の、幹の糸を割って刺すようにして刺し始める。

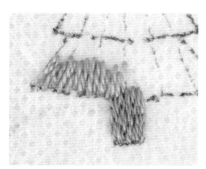

7 ガイド線の角度にあわせながら、中央から左端へ刺す。

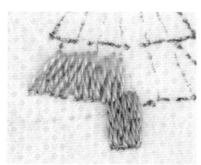

8 左端までいったら、折り返して中央へ戻る。

9 続けて、中央から右端へ刺す。

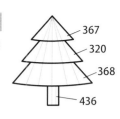

367
320
368
436

布の裏

10　途中で糸替えをするときは、補強も兼ねて、裏側の糸を多めにすくって処理しておく。

布の表

11　右端までいったら、折り返して中央へ戻る。

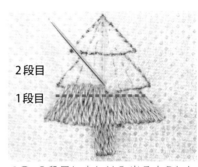

2段目
1段目

12　2段目に少しはみ出るようにして、残りを刺す。

❖ 葉（2段目）を刺す

13　1段目を刺したところ。

14　2段目も中央から刺し始める。1段目の糸を割るように少し重ねて刺す。

15　7〜12と同様に、2段目・3段目を刺す。

❖ 葉（3段目）・刺し終わり

16　2段目を刺したところ。

17　3段目を刺したところ。

布の裏

18　補強も兼ねて、裏糸を多めに何回かすくいながら刺し終わりの処理をする。

樹木を刺してみよう②

レゼーデージーステッチにストレートステッチをプラスして、
小さな葉を集めて表現する木に挑戦してみましょう。

❖ 幹を刺す

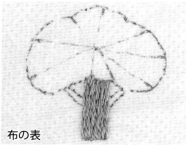

布の表

1 幹をロング＆ショートSで刺す
（p.35）。

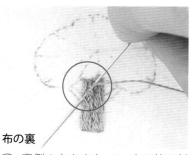

布の裏

2 裏側の糸をすくって、右の枝の刺し始めの位置に針を出す（p.52参照）。

❖ 枝を刺す

布の表

3 枝の根本は、中央の幹の糸を上から刺すようにして幹の「手前にある枝」として刺す。

布の裏

4 裏側の糸をすくって左の枝の刺し始めの位置に針を出す。

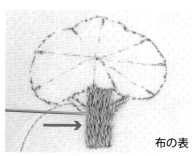

布の表

5 左の枝は、幹の下に針先をもぐらせるようにして幹の「奥にある枝」を刺していく。

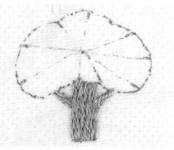

布の表

6 幹と枝を刺したところ。上から刺したり針を潜らせたり、刺し方の違いでもパーツが手前にあるか奥にあるかを表現できる。

❖ 葉を刺す（1周目）

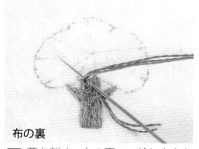

布の裏

7 葉を刺す。布の裏で、幹に糸をからめて刺し始めの処理をする。

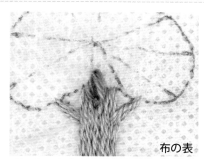

布の表

8 木の中心、幹に重なるように葉を1枚、レゼーデージー S（p.36）で刺す。

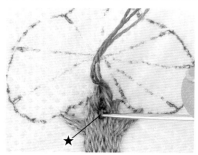

9 葉の上端から針を出し、レゼーデージー S を刺しとめた小さなステッチ（★）を割るようにストレートS（p.34）を1回重ねる。

使用する糸
320、367、436

レゼーデージーS＋ストレートS
367②320①（2色3本どり）

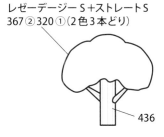

436

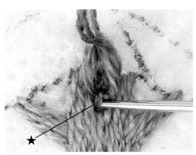

10 9を拡大したところ。

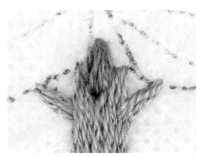

11 レゼーデージーSにストレートS
を重ねることで、ふんわりとした
ボリューム感のある葉になる。

12 葉の輪郭線に沿って1周する。

❖ 葉を刺す（2周目）

13 2周目は、1周目の糸を割るよう
に少し重ねて刺す。

14 2周目を刺したところ。

❖ 葉を刺す（3周目）・完成

15 続けて、全体を埋めて完成。

◁ Hint ▷

布の裏

隣の葉を刺すとき、裏糸が図の赤線のように繋がって渡って
いると、生地を溶かしたときに見えてしまいます。青線のよ
うに裏をすくいながら、移動しましょう（p.52も参照）。

樹木を刺してみよう③

輪っかを作ってカットして…。
動物のふわふわのしっぽなどの表現にも便利なリングステッチで、
ころんと丸いふわふわ質感の木を刺してみましょう。

❖ **幹を刺す**

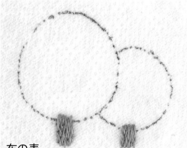

布の表

1 幹をロング＆ショートSで刺す
(p.35)。2本の幹の間が離れて
いるので、続けて刺さずに1本ず
つ刺す。

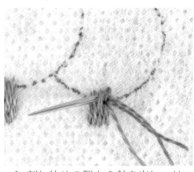

4 刺し始めの隣から針を出し、リン
グSを刺していく。

7 輪（ループ）が増えてくると刺しづ
らいが、輪を針と反対の手でおさ
えながら刺す。

❖ **葉を刺す（右の木）**

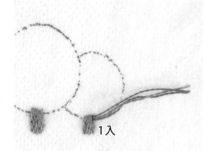

1入

2 リングS(p.36)で葉を刺す。幹の
右上端に針を入れ、糸端は2～3
cm残しておく。

5 リングSを2針刺したところ。

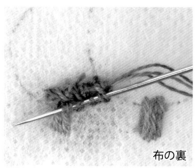

布の裏

8 糸替えのときは、何回か角度を変
えて裏をすくって補強しておく。

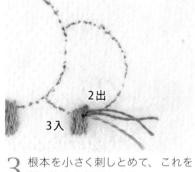

2出

3入

3 根本を小さく刺しとめて、これを
刺し始めの処理とする。

6 左の木の手前まで刺したところ。

9 葉の輪郭線に沿って全体をリング
Sで埋めていく。

リングS
368② 320①（2色3本どり）

リングS
367② 320①（3本どり）

使用する糸
320、367、368、436

436

❖ 葉を刺す（左の木）

10 葉全体を埋めたところ。

布の裏

11 裏の糸をすくって糸処理をする。

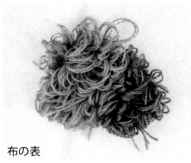

布の表

12 左の木も同様の手順で刺して埋める。

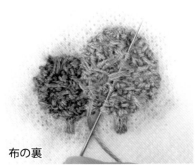

布の裏

13 裏の糸をすくって刺し終わり。

布の裏

14 生地を溶かしたとき、隣の木と分離しないよう、濃い色の木の裏糸も何回かすくって、裏を繋げておく。

布の表

15 裏面にボンドを塗り、生地を溶かして乾かす（p.51）。

16 輪（ループ）になっている部分をカットしていく。

17 長さをカットして整える（2で残した糸もリングSの一部としてカット）。

18 横から見て丸みが出るように、木の中心は長め、端は短めに整える。できあがり。

樹木を刺してみよう④

チェーンステッチでぐるぐると。まるで毛
糸で編んだような表現の丸い木を刺してみ
ましょう。

使用する糸

320、436

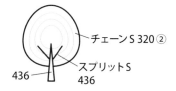

チェーンS 320 ②
スプリットS
436
436

❖ 葉を刺す(1周目)

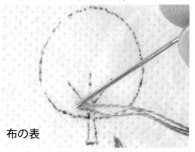

布の表

1 葉の内側に刺し始めの処理をする
(p.32)。

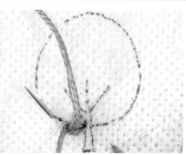

2 葉の輪郭線に沿ってチェーンS
(p.37)を刺していく。針は輪郭
線上に出すように。

3 ぐるりと1周刺す。最後は1つ目の
ステッチの輪を、針でくぐらせる
ようにすくってステッチを繋げる。

❖ 葉を刺す(2周目以降)

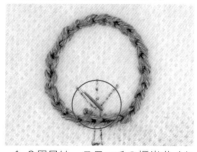

4 2周目は、ステッチの幅半分くら
いあけたところに針を出して刺し
始める。

5 葉の完成(約5周刺したところ)。

布の裏

6 チェーンSは、裏側に出る糸が
少ないので、刺し終わりの処理
をしながら全体をすくって補強して
いく。

布の裏

7 何回か角度を変えて、裏をすくう
ことで、生地を溶かしたときばら
けにくくなる。

❖ 幹を刺す・完成

8 木の幹をロング＆ショートSで
刺す(p.35)。続けて同じ糸で
枝の部分をスプリットS(p.35)
で刺し、完成。

Hint

新
古

糸替えの際は、次のステッチ
の位置に新しい糸を通した針
を出し、新しい糸に古い糸を
ひっかけて刺し終わります。

花を刺してみよう

シンプルなお花の図案ですが使っているステッチは3つ。スプリットステッチ・サテンステッチ・フレンチノットステッチ。それぞれのステッチを練習してみましょう。

794、3822

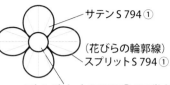

サテンS 794 ①

（花びらの輪郭線）
スプリットS 794 ①

フレンチノットS 3822 ② 1回巻き

❖ 花びらを刺す

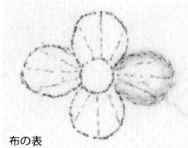

布の表

1 花びらの内側で刺し始めの処理をする（p.32）。スプリットS（p.35）で花びらの輪郭線を下刺しする。

2 輪郭線の外側に針を出し、内側のガイド線3本に沿ってストレートに刺す。

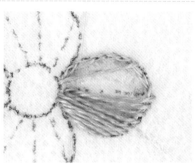

3 ガイド線の間をサテンS（p.34）で埋めていく。

4 花びら全体が埋まったら、花びらの中央部分にさらにステッチを何回か重ねて立体感を出す。

布の裏

5 糸替えの際は、裏のステッチを補強するように何ヶ所かすくうようにからめて糸処理をする。

布の表

6 花びらを刺したところ。

❖ 花芯を刺す

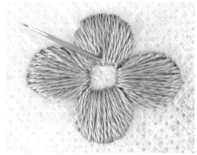

7 花芯は、花びらの青い糸を割るように針を出し、フレンチノットS（p.37）をしていく。

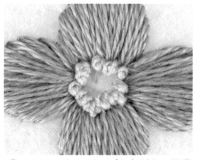

8 フレンチノットS（2本どり1回巻き）でぐるりと1周する。

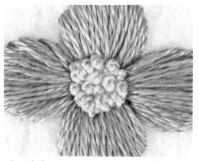

9 中心もフレンチノットSで埋めて、完成。

こぎつねを刺してみよう

いよいよ動物に挑戦。ちょこんとこちらを見ているこぎつねを刺しながら、基本のステッチを動物刺しゅうでどう使うか、実践し練習していきましょう。

❖ 白い部分を刺す①

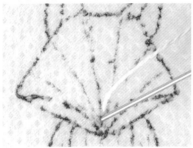

1 鼻先のあたりで刺し始めの処理をする(p.32)。

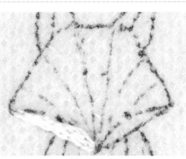

2 頬の白い部分を毛並みのガイド線に沿って刺す。片頬を刺したところ。

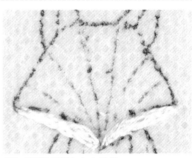

3 両頬を刺したところ。

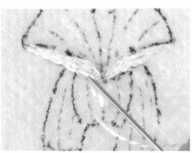

4 頬の糸の下に針先を潜らせるようにして胸元を刺していく。

5 胸元を刺したところ。

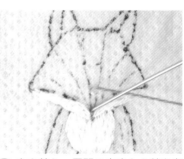

6 糸を替え、眉間の中央から針を出す。あとから茶色の線をのせる鼻先に隙間を残しながら、毛並みのガイド線に沿って顔を刺していく。

❖ 黄色部分を刺す

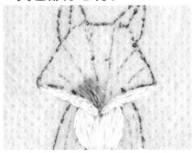

7 中央から左右へ、往復するように刺す。

8 目の部分はあとで場所がわかる程度に隙間をあけて、全体を刺す。

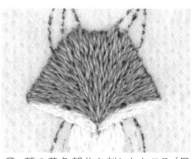

9 顔の黄色部分を刺したところ（目と鼻先だけ隙間を残している）。

使用する糸

435、839、3852、3865

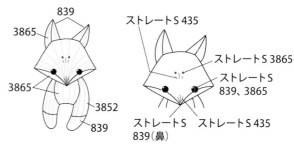

839
3865
3865
3852
839

ストレートS 435
ストレートS 3865
ストレートS 839、3865
ストレートS 839（鼻）　ストレートS 435

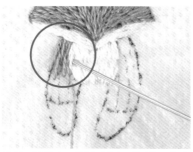

10 同じ糸で腕を刺す。胸元の糸を針で割るように刺すと、自然な毛並みの雰囲気が出る。

11 腕のカーブを意識しながら刺す。片腕を刺したところ。

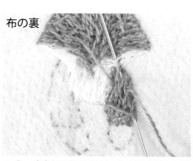

布の裏

12 裏側の糸をすくいながら反対の腕の刺し始めの位置へ移動する。

13 むかって右の腕を同じように刺す。

14 鼻先と眉間に、毛色のアクセントとして、茶色の糸でストレートSをのせる。

15 アクセントをつけたところ。色的にはあまり目立たないステッチでも、毛並みのニュアンスが出て意外なポイントになる。

❖ 白い部分を刺す②

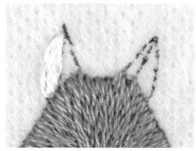

16 耳の内側の白い部分を刺す。

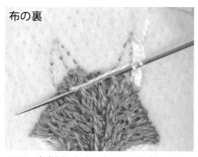

布の裏

17 裏側をすくいながら反対の耳の位置へ移動する。

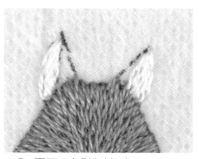

18 両耳の内側を刺したところ。

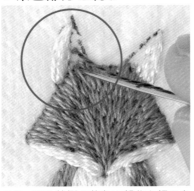

19 耳の外側の茶色い部分を顔の糸を刺すように割って、黄色から茶色へ、色の境目が自然になじむようにする。

20 両耳の外側を刺したところ。

21 目を刺す（目の刺し方はp.52参照）。

22 鼻を同じ糸で小さく刺す。

23 同じ糸で腕を刺す。19と同様に、色の境目をなじませるように、黄色の糸を割って刺す。

24 腕先を刺したところ。

❖ 仕上げ

25 額の模様を小さく刺す。

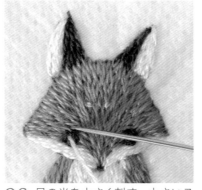

26 目の光を小さく刺す。小さいステッチでも、この光の位置で表情が大きく変わるので、お好みの表情になるよう調整しながら刺す。

27 完成。

猫を刺してみよう

猫の図案では、鼻先から放射線状にひろがるロング＆ショートステッチの刺し方を練習していきましょう。

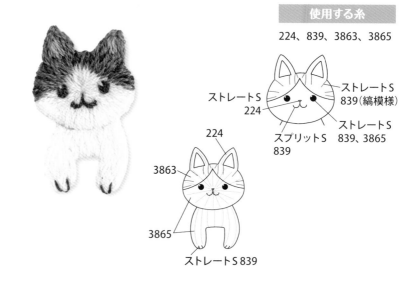

使用する糸
224、839、3863、3865

ストレートS 839（縞模様）
ストレートS 224
ストレートS 839、3865
スプリットS 839
224
3863
3865
ストレートS 839

❖ 白い部分を刺す①

1 眉間のあたりで刺し始めの処理をする(p.32)。

2 ガイド線を参考に、鼻を中心点として放射線状にロング＆ストレートSを1周刺す(p.53参照)。

3 1周目の隙間を埋めるように、2周目以降も刺す。

4 目の部分はあとで場所がわかる程度に隙間をあけて、顔の白い部分を埋めていく。

5 顔の白い部分を刺したところ。

6 続けて胸元を同じ色で刺す（顔と体の境をはっきりさせるよう、顔の糸は針で割らないように注意）。

7 さらに両腕を刺す。

❖ 茶色部分を刺す

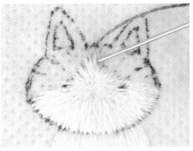

8 糸を替えて、茶色部分をおでこの中心あたりから刺し始める。

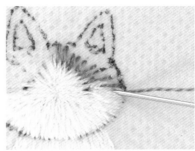

9 白の糸を針で割って、少し糸を重ねながら自然な毛並みに。

10 耳の部分は顔から自然に繋げるように意識して刺す。

11 片耳を刺したところ。

12 両耳を刺したところ。

❖ 焦げ茶部分を刺す

13 作品見本も見ながら、縞模様をストレートSで足す。

14 同じ糸で両目を刺す（目の刺し方はp.52参照）。

15 口のラインをスプリットSで刺す。ステッチの長さは短めにして、なめらかに線がつながるよう調整する。

❖ 仕上げ

16 同じ糸で足先の爪のラインを刺す。

17 耳の中のピンクの部分を刺す。

18 鼻を同じ糸で小さく刺す。目の光を入れて完成。

ソリュブル刺しゅうの仕上げ方

刺し上がった刺しゅうは余分なキルターズシークレットを水で溶かすことで、完成となります。できあがったパーツはブローチにしたり、ジオラマのように立てて飾ることもできます。

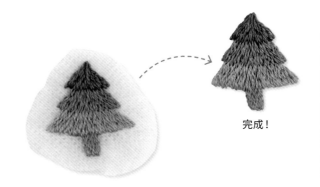

完成！

用意するもの

- ボンド
- ハサミ
- トレイ（刺しゅうパーツが入る大きさの容器ならなんでもOK）
- ティッシュ
- ピンセット
- 針

1 まず上記のものを用意する。

❖ ボンドを塗る

2 裏面にボンドを厚めに塗る。木の幹など、細かい部分もしっかり塗ること。

❖ カットする

3 ボンドが乾いたら、刺しゅう糸を切らないように気をつけながら、余分な生地をカットする。

4 生地をカットしたところ。

❖ 生地を溶かす

水

5 トレイなどに水を入れて、ときどきゆすったりしながら生地を溶かす。

ティッシュ

6 生地がすべて溶けたら、ティッシュなどの上である程度乾かす。

7 乾き切る前に形を整える。幹などの細いパーツはピンセットなどでつまんで形を整えるとよい。

8 ステッチの表面を針先で整える。

9 下に敷いたティッシュなどに張り付かないよう気をつけながら、乾かしたら完成。

刺しゅう上達のためのヒントまとめ

ここでは、動物や草木をよりきれいに、立体的に仕上げるためのヒントをまとめました。どの図案にも共通しますので、参考にしてください。

作品見本

✓ 作品見本をよく見よう

刺しゅうをする前には、必ず作品見本をよく観察しましょう。ステッチの流れ方、どのパーツが手前に見えるよう刺しているか、など。完成図をイメージしながら刺すだけで、仕上がりもグッと変わってきます。

✓ 離れた箇所を同じ糸で刺すときの注意点

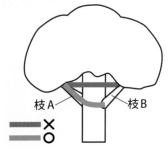

布の裏

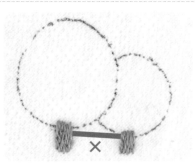

枝Aと枝Bのように、離れた箇所を同じ糸で刺し続けるときには注意が必要です。■■■のように刺してしまうと、生地を溶かしたときに表から見える糸として残ってしまいます。■■■のように裏側の糸をすくって、刺し始めたい位置に移動して刺しましょう。

上図のように裏糸をすくって移動できない場合は、糸を渡さずに、幹を1本ずつ、それぞれで刺し始め・終わりの処理をして刺すようにします。

✓ 目はお好みの大きさに刺そう

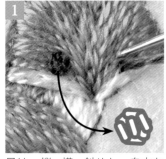

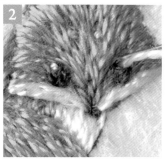

目は、縦・横・斜めと、自由な角度のストレートSを重ねて丸くなるようにして、お好みの大きさに刺しましょう。

目の光は小さなストレートSで。小さいステッチですが角度や位置で仕上がりの表情が変わるので慎重に。

✓ 色の切り替え方

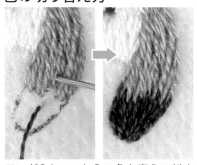

ロング＆ショートSで色を変えて刺す部分は、先に刺した色を次の色の糸で割るように重ねて刺すと、色の境目が小さなギザギザ状になり、自然な色の切り替えができます。

✓ 立体感を出すには

立体感を出すには、下にくるパーツ（ここでは顔の下の腕や胸）を刺すときに、上のパーツ（顔）の糸の下に針先を斜めに潜りこませるようにして刺すとよいです。重なりが表現でき、立体的に見せることができます。

✓ ステッチが1点に集中する場合

図の赤丸だけに針を入れず、そのすぐ側の青丸あたりにも刺す

猫（p.49）の鼻周りや耳の先など、ステッチが1点に集中する箇所では、同じ針穴に針を刺し続けると生地に穴があいてしまうので、少しずつ針を刺す場所をずらして刺しましょう。

✓ 隙間が気になったら刺し足そう

刺し終えた部分で隙間が気になる部分があったら、上からステッチを刺し足しましょう。

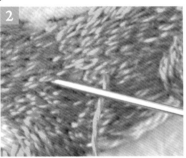

周りのステッチと自然になじむように、ステッチの角度はそろえるよう注意します。

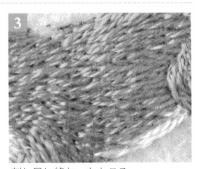

刺し足し終わったところ。

✓ 仕上げに針先でステッチを整えよう

仕上げに針先でステッチを整えると、さらにきれいな仕上がりになります。針先でステッチの流れに沿って優しくクシでとかすように、ステッチの表面をなでて整えます。

レゼーデージーステッチなど、特にふんわりさせたい部分は、横から針で糸を持ち上げるように整えると、ふんわり仕上がります。

ブローチの作り方

できあがった刺しゅうは、お好みのアクセサリー用の金具をつけることで簡単にアクセサリーにできます。ここではブローチの作り方を紹介します。

用意するもの

- 刺しゅうパーツ
- シール用紙（型写し用に使用。なければコピー用紙でもOK）
- 裏生地（ブローチ裏面用の生地。ここでは合皮を使用。フェルトなどでもOK）
- ブローチピン
- 金属用接着剤

1 まず上記のものを用意する。

シール用紙

2 シール用紙に刺しゅうパーツをあて、刺しゅうパーツが汚れないように注意しながら輪郭をペンや鉛筆で書き写す。

3 書き写す輪郭はざっくりとしたものでOK。ハサミで輪郭線どおりに切り、型紙にする。

型紙
裏生地

4 型紙を裏生地に貼る。

> シール用紙で型紙を作ると、生地に貼れるのでカットが簡単になります

5 ハサミで型紙どおりにカットする。

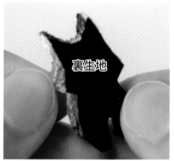
裏生地

6 カットした裏生地をパーツの裏にあててみて、表からはみ出て見える部分を更にカットして整える。

7 表から見て、裏生地が見えない状態まで整える。

8 裏生地の形が整ったら、ボンドで刺しゅうパーツに貼る。

9 刺しゅうパーツにあわせたサイズのブローチピンを金属用接着剤で貼って完成。

advanced techniques

季節の動物たちを刺してみよう

（Recipeと図案）

こぎつねの小さな冒険から始まる物語。
森に住むかわいい動物や小鳥たちが季節を彩ります。
犬や猫、うさぎは、作品見本の刺し方を参考にして、
ぜひうちの子にアレンジしてみてください。

Recipe 1

Spring こぎつねのお散歩

▶ p.6

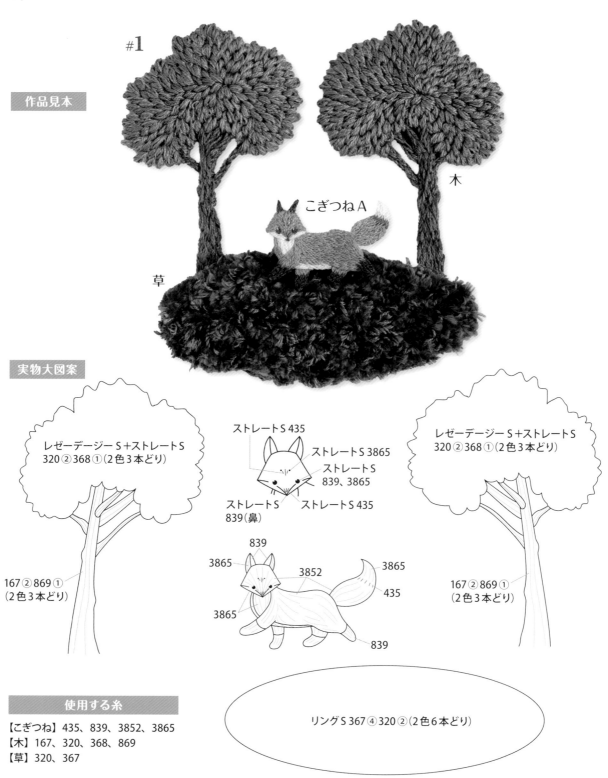

#1

作品見本

こぎつね A

木

草

実物大図案

レゼーデージー S ＋ストレート S
320 ② 368 ①（2色3本どり）

ストレート S 435

ストレート S 3865

ストレート S
839、3865

ストレート S
839（鼻）　　ストレート S 435

レゼーデージー S ＋ストレート S
320 ② 368 ①（2色3本どり）

167 ② 869 ①
（2色3本どり）

839

3865

3852

3865

3865

435

839

167 ② 869 ①
（2色3本どり）

リング S 367 ④ 320 ②（2色6本どり）

使用する糸

【こぎつね】435、839、3852、3865
【木】167、320、368、869
【草】320、367

こぎつねAを刺す

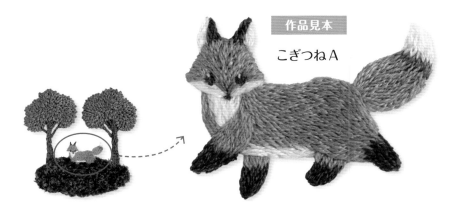

作品見本

こぎつねA

Process

1 図案を描き写す。動物刺しゅうなど、ステッチの流れが複雑な図案は、毛並みのガイド線も書き写しておく。

2 頬と胸元の白い部分から刺し始める。

3 顔のベースを刺したところ。

4 作品見本をよく見て、毛並みの流れをしっかり確認しながら、少しずつ全身を刺していく。カーブの強い部分などは、ロング＆ショートＳの幅を細かめに少しずつカーブさせていく。

5 黄色い毛の部分を刺したところ。

6 鼻先・額・しっぽの境の茶色部分を刺す。

7 耳の中・しっぽの先の白い部分を刺す。

8 耳・目・鼻・足先の焦茶色の部分を刺す。

9 目の光・額の白い点を刺す。生地を溶かしたら、こぎつねの完成。

木と草を刺す

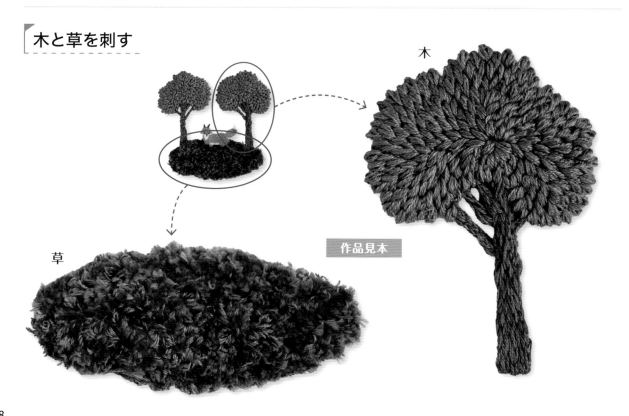

木

作品見本

草

Process

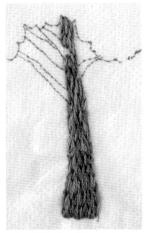

1 幹はざっくりとしたロング＆ショートSで刺す。枝の部分は刺さずに残しておく。

2 手前の枝は、幹に上からかぶせるように刺す。

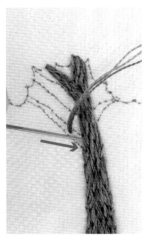

3 奥の枝は、幹の下に針先を潜らせるようにしながら刺す。

4 幹と枝を刺したところ。

5 葉を刺す（p.40・7〜15参照）。生地を溶かしたら、木の完成。

6 草は6本どりのリングSで刺す。裏面にボンドを塗り、生地を溶かして乾かす。

7 リングSをカットして整える。全部を同じ長さに揃えず、ところどころ長いステッチを残すと自然に仕上がる。

8 作品見本も参考に、お好みのバランスでパーツを重ねてボンドでとめたら完成。

#3

実物大図案

使用する糸

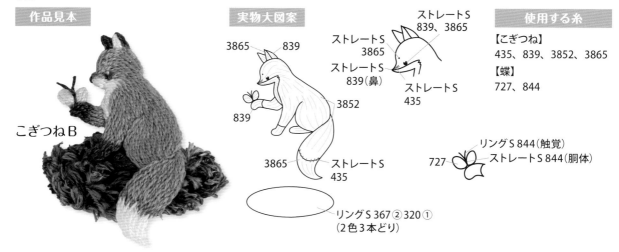

こぎつねB

ストレートS
839、3865

ストレートS
3865

ストレートS
839(鼻)

ストレートS
435

3865　　839

3865

839

3852

3865

ストレートS
435

リングS 367② 320①
（2色3本どり）

【こぎつね】
435、839、3852、3865

【蝶】
727、844

リングS 844（触覚）

ストレートS 844（胴体）

727

❦ One Point ❦

1 布の裏

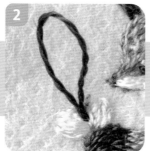

2

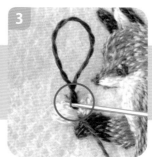

3

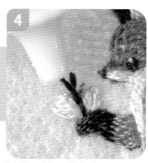

4

1 蝶は生地を溶かしたときに取れないよう、裏で足先の糸に何回かからめてから刺し始める。

2 触角をリングSで刺す。

3 蝶の胴体をストレートSで刺す。このとき、リングSの根本を針で刺して割るようにしておく。

4 触角のリングSをハサミでカットし、触角の先はボンドで補強しておく。

#2

作品見本

実物大図案

使用する糸

こぎつねC

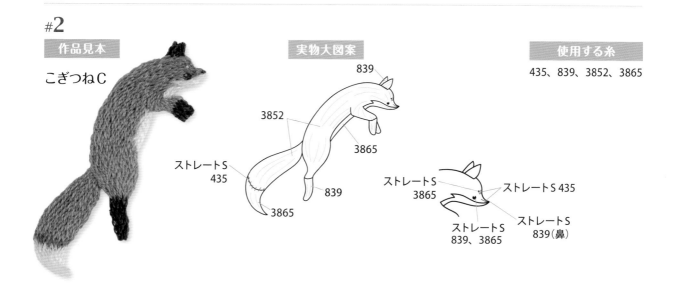

839

3852

3865

839

3865

ストレートS
435

ストレートS
3865

ストレートS 435

ストレートS
839、3865

ストレートS
839（鼻）

435、839、3852、3865

#4

作品見本

こぎつね D

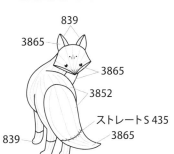

実物大図案

839
3865
3865
3852
ストレート S 435
839
3865

使用する糸

435、839、3852、3865

ストレート S 435
ストレート S 3865
ストレート S 839、3865
ストレート S 435
ストレート S
839（鼻）

#5

作品見本

こぎつね E

実物大図案

839
3852
3865
ストレート S 435

リング S 367 ② 320 ①
（2色3本どり）

使用する糸

【こぎつね】
435、839、3852、3865
【草】
320、367

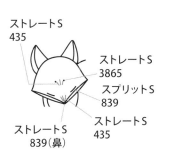

ストレート S
435
ストレート S
3865
スプリット S
839
ストレート S
435
ストレート S
839（鼻）

#6

作品見本

こぎつね F

実物大図案

ストレート S 435
3865
839
3852
3865
3865
839

使用する糸

435、839、3852、3865

ストレート S
435
ストレート S 3865
ストレート S
839、3865
ストレート S
839（鼻）

Recipe 2

Spring うさぎと春

▶ p.8

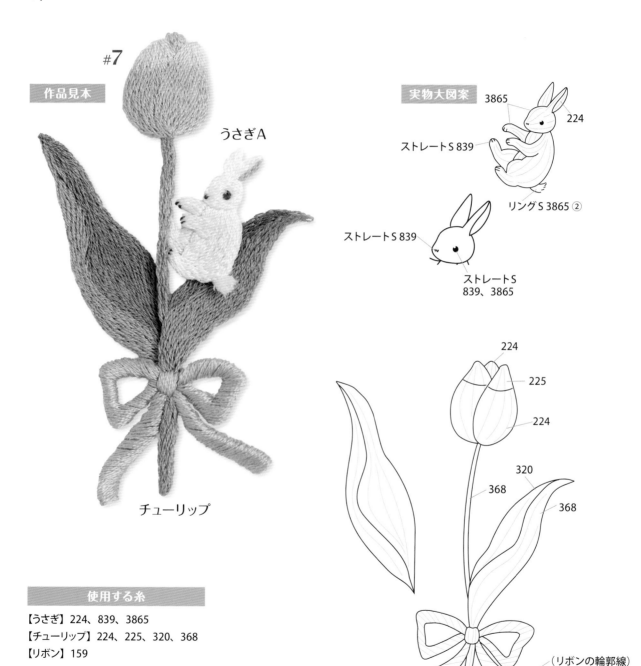

#7

作品見本

うさぎA

チューリップ

実物大図案

3865

224

ストレートS 839

リングS 3865 ②

ストレートS 839

ストレートS
839、3865

224

225

224

320

368

368

（リボンの輪郭線）
スプリットS 159

サテンS 159

使用する糸

【うさぎ】 224、839、3865
【チューリップ】 224、225、320、368
【リボン】 159

うさぎＡを刺す

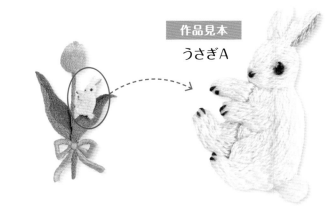

Process

1 しっぽをリングＳで刺す。

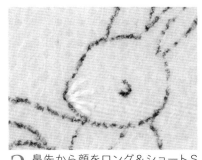

2 鼻先から顔をロング＆ショートＳで刺す。

3 片耳の先まで刺したところ。

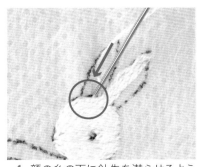

4 顔の糸の下に針先を潜らせるようにして奥の耳を刺す。

5 奥の耳を刺したところ。

6 胸元を刺す。

7 肩から腕にかけて、毛並みの流れを確認しながら順に刺し進めていく。

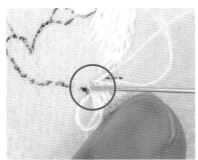

8 しっぽのリングＳを上からおさえるように、少しだけロング＆ショートＳを重ねながらお尻を刺す。

9 足先まで刺したところ。

10 奥の腕と足、お腹を刺す。

11 耳の中、目と鼻先を刺す。

12 爪のラインを刺して刺しゅうが
完成。

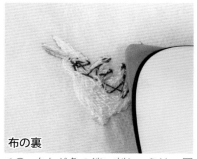

布の裏

13 白など色の淡い刺しゅうは、図
案の色が残ると目立つため、裏
から低温のアイロンをあてて線
を消してからボンドで固める。

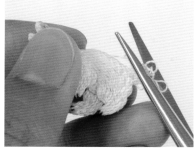

14 生地を溶かしたら、仕上げに
しっぽをカットして整える。

15 うさぎの完成。

チューリップを刺す

作品見本

チューリップ

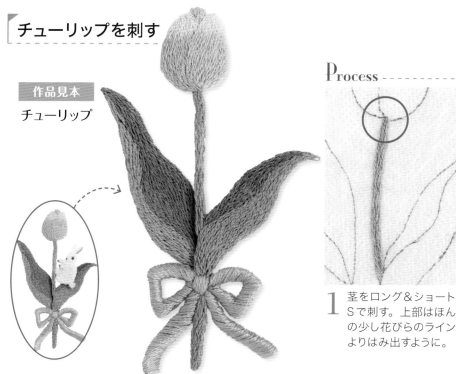

Process -

1 茎をロング＆ショート
Sで刺す。上部はほん
の少し花びらのライン
よりはみ出すように。

2 葉をロング＆ショート
Sで刺したところ。

3 奥の花びらを濃いピンクで刺す。

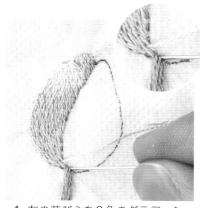

4 左の花びらを2色のグラデーションになるように、ロング＆ショートSで刺す。下部は少しだけ茎を刺すように重ねる。

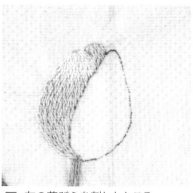

5 左の花びらを刺したところ。

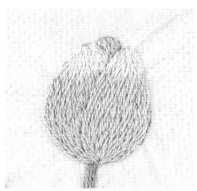

6 右の花びらも同様に刺す。

7 リボンの輪郭線をスプリットSで刺す。

8 斜めにガイド線をひくように区切りながら、その間を埋めるようにサテンSで刺す。

9 リボンを刺したところ。

10 裏面にボンドを塗り、生地を溶かして乾かす。

11 作品見本も参考に、お好みのバランスでパーツを重ねてボンドでとめたら完成。

#8

作品見本

ビオラ

実物大図案

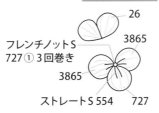

26

フレンチノットS
727① 3回巻き

3865

3865

ストレートS 554   727

26

フレンチノットS
727① 3回巻き

727

ストレートS 554

使用する糸

26、554、727、3865

・Hint・

刺す順番：奥の花びら（薄
紫）→手前の花びら（白・黄）
→手前の花びら（黄）→模様
の線（紫）→中心のフレンチ
ノットS

❦ OnePoint ❦

A

奥の花びら（薄紫）と手前の花びらは
別々に刺す。

B

生地を溶かしたあと、パーツを重ねて
ボンドでとめて完成。

#10

作品見本

蝶々

実物大図案

リングS 844
　サテンS 844
　　ストレートS 844
　　サテンS 3865
　ストレートS 844

リングS 844
　サテンS 844
　ストレートS 844
　サテンS 727
ストレートS 844

使用する糸

【白】844、3865
【黄色】727、844

❦ OnePoint ❦

A

羽の上の黒い模様の部分は、黄色の
糸に少し重ねて刺す。

B

触角は1本どりのリングS。体はスト
レートSを2回刺す(p.60 3 参照)。

C

触角のリングSをカットしたあと、先
をボンドで補強しておく。

#11

作品見本

すずらん

実物大図案

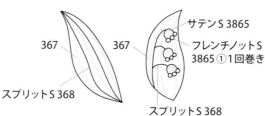

367

367

スプリットS 368

サテンS 3865

フレンチノットS 3865①1回巻き

スプリットS 368

使用する糸

367、368、3865

Digest

1

先に葉のベースを刺す。花の部分はあけておく。

2

上から葉脈と茎のラインをスプリットSで刺し、花の部分をサテンS→フレンチノットSの順で刺す。

3

生地を溶かしたあと、パーツを重ねてボンドでとめて完成。

#12

作品見本

うさぎB

実物大図案

224
844
3865
3865
3865
3865
844

ストレートS
844

リングS
844、3865

フレンチノットS
727①2〜3回巻き

レゼーデージーS＋
ストレートS 368②

ストレートS 3799

ストレートS
3799、3865

使用する糸

【うさぎ】
224、844、
3799、3865

【花冠】
368、727

Digest

1

先に白い部分をロング＆ショートSで刺す。

2

隙間を埋めるように残りの色を埋めていく。

3

葉を刺す。

4

お好みのバランスで花をフレンチノットSで重ねる。

#13

たんぽぽ

実物大図案

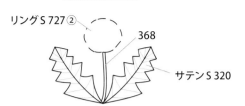

リング S 727 ②

368

サテン S 320

使用する糸

320、368、727

◀ OnePoint ▶

A

葉はガイド線を先に刺してから間を埋めるように刺す。

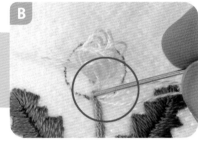
B

花はリングS。生地を溶かしたときばらけないように、茎を針で割るように刺しておく。

#14

作品見本

うさぎC

実物大図案

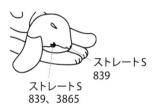

リング S 3865

3865

840

422

3865

840

ストレート S 839

ストレート S
839

ストレート S
839、3865

使用する糸

422、839、840、3865

◀ Digest ▶

1

先に白い部分をロング＆ショートSで刺す。

2

隙間を埋めるように残りの色を埋めていく。

3

目や手先、しっぽなど残りのパーツを刺す。

68

#15

作品見本

オオイヌノフグリ

実物大図案

サテンS 367
サテンS 159
ストレートS 3865
フレンチノットS 368①1回巻き
（模様の線）ストレートS 160

使用する糸

159、160、367、368、3865

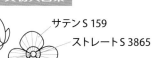

◀OnePoint▶

花はベースになる水色をサテンSで刺し、上から模様の線（紫160）をストレートSで重ねる。

中心部分に白でストレートSを重ねる。最後に中心にフレンチノットSを重ねる。

#9

作品見本

うさぎD

実物大図案

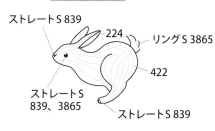

ストレートS 839
224
リングS 3865
422
ストレートS 839、3865
ストレートS 839

使用する糸

224、422、839、3865

#16

作品見本

うさぎE

実物大図案

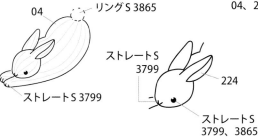

04
リングS 3865
ストレートS 3799
ストレートS 3799
ストレートS 3799、3865
224

使用する糸

04、224、3799、3865

Summer 初夏の小鳥たち

▶ p.10

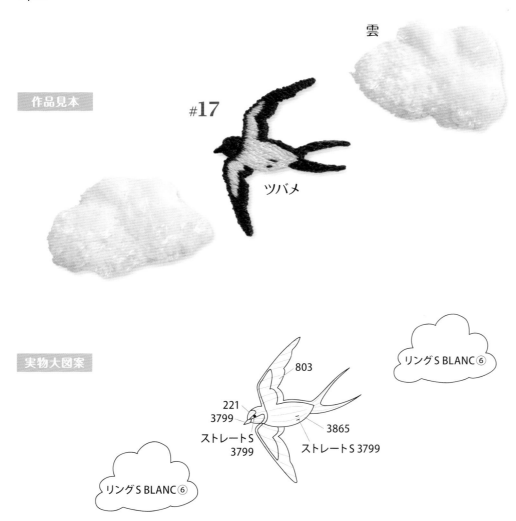

作品見本

雲

#17

ツバメ

実物大図案

803

221
3799

3865

ストレートS
3799

ストレートS 3799

リングS BLANC⑥

リングS BLANC⑥

使用する糸

【ツバメ】221、803、3865、3799
【雲】BLANC

ツバメと雲を刺す

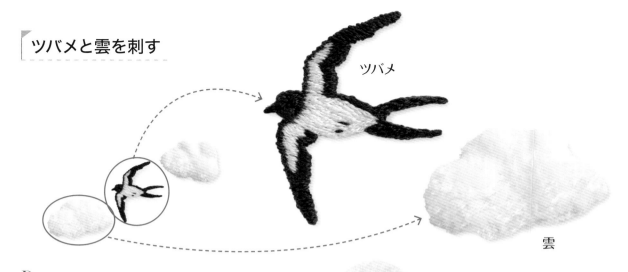

ツバメ

雲

$\mathscr{P}$rocess

1 羽の図案の細い部分は、白い羽の方へ少しはみ出すように刺す。

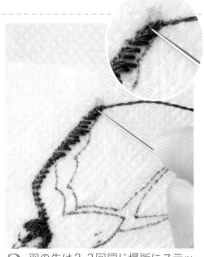

2 羽の先は2、3回同じ場所にステッチを重ねて補強するように刺す。

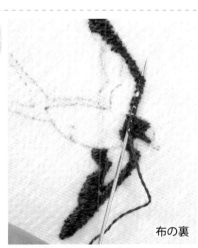

布の裏

3 裏側も何回か糸をすくってしっかり補強しておく。

4 体の青い部分を刺したところ。

5 青い糸を割るように、お腹の白い糸を少し重ねながら刺す。

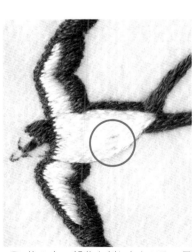

6 体の白い部分を刺したところ。足は、あとで位置がわかる程度に隙間をあけておく。

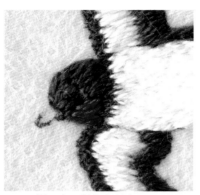 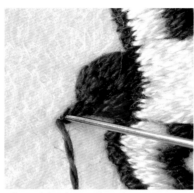 

7 顔の赤い部分を刺す。

8 くちばしの先も細いので、ステッチを何回か重ねて補強しておく。

9 くちばし・目・足を刺して刺しゅう完成。

布の裏

10 ボンドを塗る際は、羽先やしっぽの細い部分まで、針先や爪楊枝などを使ってしっかり塗る。

11 雲はリングSで全体を刺して埋める。

12 生地を溶かして乾かしたらリングSをカット。

13 ハサミを寝かすようにして表面をカットして整えていく。

14 雲のもくもくとした感じが出るよう、凹凸を意識しながら立体的にカットしていく。

15 雲の完成。

#18

作品見本

スズメ

実物大図案

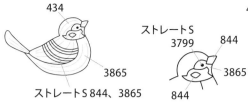

434

3865

ストレートS 844、3865

ストレートS
3799　844
3865
844

使用する糸

434、844、3799、3865

◀ Digest ▶

1 すずめの羽の柄は細かいので、先に茶色で全体を埋める。

2 茶色の羽の上から、白い羽の模様を刺していく。

3 くちばしや目の周りなどの黒いパーツと、羽の模様を刺す。最後に小さく目を刺して完成。

#20

作品見本

カワセミ

実物大図案

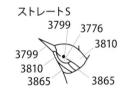

3810
ストレートS 3865
3776
ストレートS 21
3865

ストレートS
3799　3776
3810
3799
3810
3865　3865

使用する糸

21、3776、3799、3810、3865

◀ OnePoint ▶

A 顔周りと奥の羽の青い部分を先に刺す。目の下とお腹〜羽のオレンジの部分を刺す。

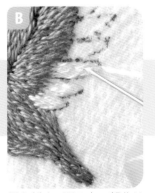

B 尾を刺す。羽の白い部分は1枚ずつ刺し、先端は特にステッチを細かく重ねながら刺す。

布の裏

C 羽の先端は、裏側も数回すくって、しっかり補強しながら刺す。

D 羽の模様は、白い点をストレートSで小さく刺す。

#19

ルリビタキ

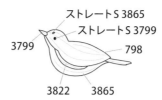

ストレートS 3865
ストレートS 3799
3799
798
3822
3865

798、3799、3822、3865

·Hint·

刺す順番：青い部分→白い
お腹・おでこの模様→黄色
い模様→くちばしと目

#21

ハクセキレイ

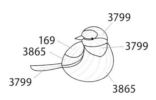

3799
169
3865
3799
3799
3865

ストレートS 3799
3799

169、3799、3865

·Hint·

刺す順番：羽の先以外の白
い部分→羽のグレーの部分
→羽の先の白い部分→くち
ばしから順に黒い部分全体

#22

シジュウカラ

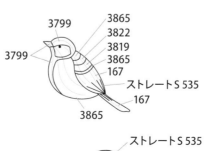

3799
3865
3822
3819
3865
167
3799
ストレートS 535
167
3865

ストレートS 535
3865

167、535、3799、
3819、3822、3865

·Hint·

刺す順番：顔周りの黒い部
分→白い部分→羽の黄色の
部分→羽の黄緑の部分→羽
と尾のグレーの部分→羽先
と尾の付け根の線模様

#23

作品見本

#23a

#23b

#23c

#23d

#23e

実物大図案　※葉はすべてスプリットS＋サテンS。
　　　　　　色は指定以外505

562
562
562
562
420

420
562
562

562
420
562

420
562
562

562
562
420

使用する糸

【葉】505、562
【枝】420

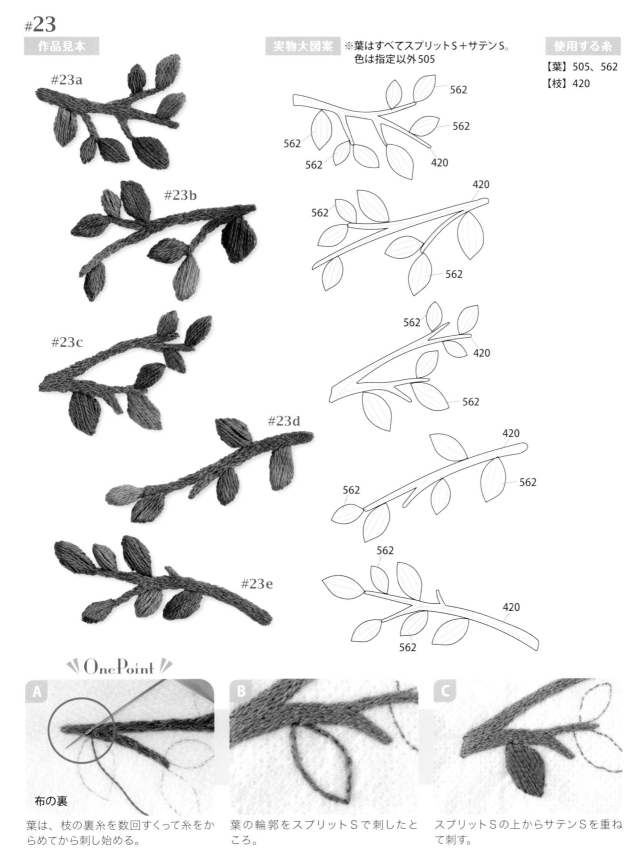

❈ OnePoint ❈

A

布の裏

葉は、枝の裏糸を数回すくって糸をからめてから刺し始める。

B

葉の輪郭をスプリットSで刺したところ。

C

スプリットSの上からサテンSを重ねて刺す。

Recipe 4

Summer 牧場の夏

▶ p.12

作品見本 #24

木

子ヤギ

ひよこ

草と池

実物大図案

レゼーデージー S ＋ストレート S
905 ③ 904 ②（2色 5本どり）

434 ③

ストレート S
839、3865

リング S
728 ③

728

726

スプリット S 347

ストレート S
839、3865

224

ストレート S
839

サテン S
726

3865

3033

リング S
704 ② 703 ④（2色 6本どり）

スプリット S
3325 ① 3755 ②（2色 3本どり）

使用する糸

【子ヤギ】 224、347、726、839、3033、3865
【ひよこ】 726、728、839、3865
【木】 434、904、905
【草と池】 703、704、3325、3755

子ヤギとひよこを刺す

ひよこ

子ヤギ

作品見本

Process

1 子ヤギの顔は、鼻先から刺し始める。

2 毛並みの流れに気をつけながら体全体の白い部分を刺す。

3 スプリットSで首輪を刺す。

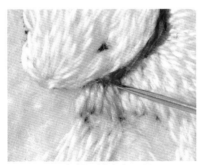

4 ベルの上部は縦向きのサテンS。

5 ベルの下部は横向きのサテンS。

6 目と鼻を刺す。裏面にボンドを塗り、生地を溶かして乾かす。

7 ひよこの体を刺す。

8 くちばしをロング&ショートS、羽をリングSで刺す。目を刺して刺しゅう完成。

9 生地を溶かしたあと、リングSをカットして仕上げる。

木と池を刺す

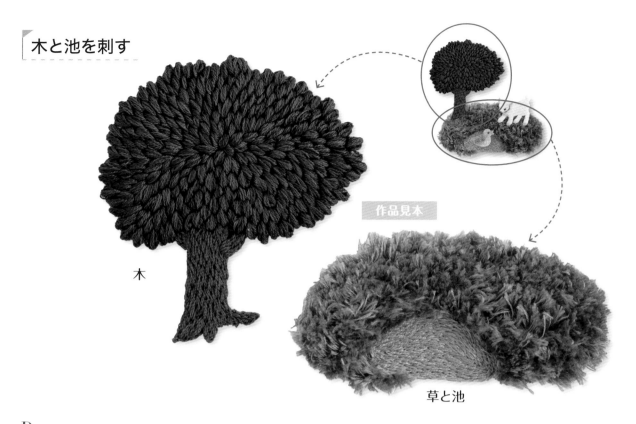

木

作品見本

草と池

Process

1 リングSで草を刺す。

2 草と水面の境目は、スプリットSでリングSの根本を
おさえるようにして刺す。

3 スプリットSでぐるぐると水面を刺していく。

4 草と水面が刺せたら、生地を溶かしてから草のリン
グSをカットして仕上げる。

ジオラマの作り方

刺しゅうパーツにワイヤーをつければ、パーツを立たせて立体的に飾ることができます。

用意するもの

- ジオラマにしたい刺しゅうパーツ
- ワイヤー（ここでは#30ステンレスワイヤーを使用）
- 刺しゅう糸（刺しゅうパーツ本体に近い色の糸を使用）
- 裏生地（ここでは合皮を使用。フェルトなどでもOK）

1 まず上記のものを用意する。

2 パーツの裏面に、少し長めにカットしたワイヤーをあてて、表から見えないような形に曲げて調整する。

3 小さく玉結びした糸でパーツ裏面をすくうようにしながらワイヤーを縫いとめていく。
※ここではわかりやすいよう赤い糸を使用

4 ワイヤーを何箇所か縫いとめたところ。この子ヤギの場合は、足でワイヤーが隠れるように縫いとめている。

5 表から見たところ。ワイヤーが足先以外から見えないようにする。

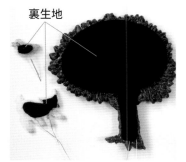

裏生地

6 木、ひよこも同様にワイヤーをつけ、それぞれ裏生地を貼る（p.54「ブローチの作り方」参照）。

7 草と池の土台に、子ヤギなどをつけたい位置に針や目打ちなどで穴をあける。

草と池の裏

裏生地

8 穴からワイヤーを通し、表から見えないよう折り曲げて固定したら、土台よりひと回り小さく切った裏生地を貼り付ける。

9 各パーツの位置やバランスを整えたら完成。

#27

ウマ

実物大図案

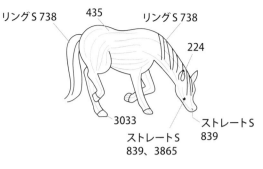

リングS 738   435   リングS 738

224

ストレートS
839

3033

ストレートS
839、3865

使用する糸

224、435、738
839、3033、3865

❦ Digest ❦

長めのリングSでしっぽを刺す。

体と顔を刺す。しっぽのリングSの根本は、お尻の茶色の
糸を少し重ね、おさえるようにして刺す。

たてがみをリングSで刺す。ステッチの輪（ループ）が下に
垂れるようにして、根本はできるだけ小さく刺しとめる。

たてがみを刺したところ。

たてがみに分け目ができるように、耳の先のロング＆
ショートSを数針刺し足してリングSの根本を上から刺して
おさえる。

刺しゅうが完成したところ。生地を溶かしたあと、しっぽと
たてがみをお好みの長さにカットして完成させる。

#26

ウシ

実物大図案

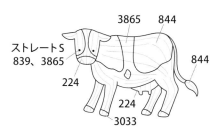

3865　844
ストレートS
839、3865
224
224
3033
844

使用する糸

224、839、844、
3033、3865

◀ *Digest* ▶

白い部分を先に刺す。

黒い模様を刺す。

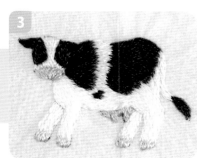

残りのパーツを刺して完成。

#30

作品見本

アヒルの親子

使用する糸

【アヒル】728、839、3865
【ひよこ】726、728、839、3865

実物大図案

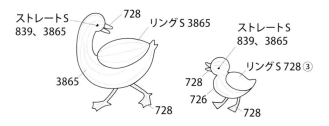

ストレートS
839、3865　728　リングS 3865

ストレートS
839、3865

リングS 728 ③

3865

728

726

728

728

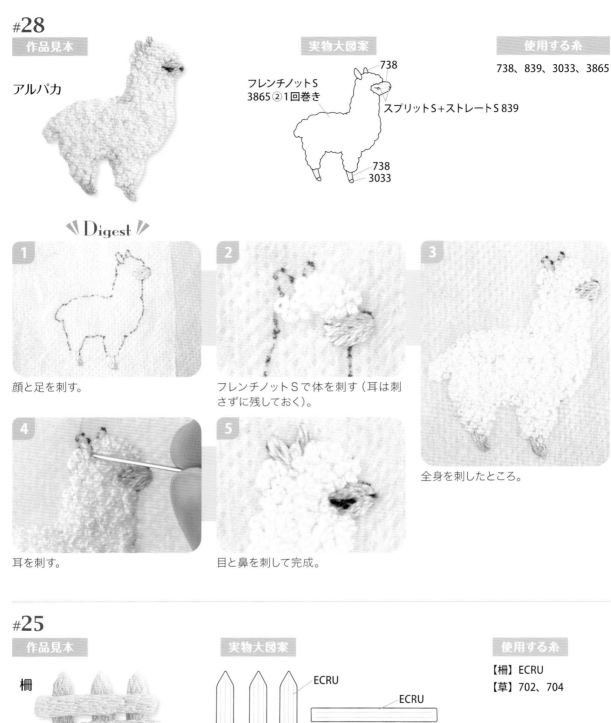

#28

作品見本

アルパカ

実物大図案

738

フレンチノットS
3865②1回巻き

スプリットS＋ストレートS 839

738
3033

使用する糸

738、839、3033、3865

⫸ Digest ⫷

1 顔と足を刺す。

2 フレンチノットSで体を刺す（耳は刺さずに残しておく）。

3 全身を刺したところ。

4 耳を刺す。

5 目と鼻を刺して完成。

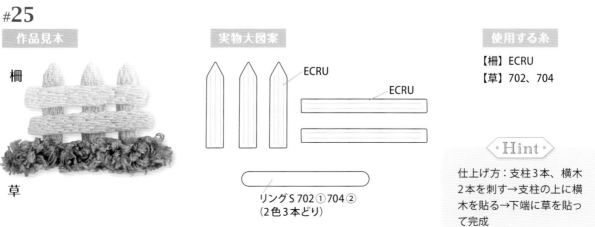

#25

作品見本

柵

草

実物大図案

ECRU

ECRU

リングS 702① 704②
（2色3本どり）

使用する糸

【柵】ECRU
【草】702、704

⫸Hint⫷

仕上げ方：支柱3本、横木2本を刺す→支柱の上に横木を貼る→下端に草を貼って完成

#29

作品見本

ヒツジ

実物大図案

ストレート S
839、3865

738

738

リング S 3865 ⑥

スプリット S 3755
サテン S 726

738

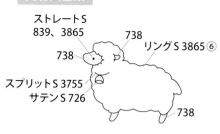

使用する糸
726、738、839、
3755、3865

◀ Digest ▶

1

顔と足を刺す。

2

全身をリング S で刺す。耳とベルの部分は刺さずに隙間を
あけておく。

3
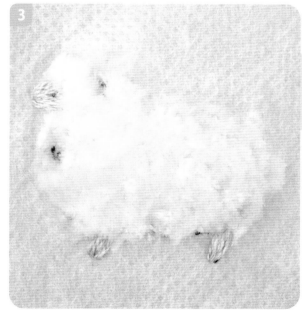
リング S をカットする。

4
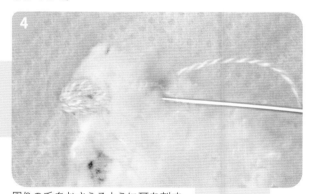
周りの毛をおさえるように耳を刺す。

5

ベルと首輪は、p.77・3〜5参照。完成。

Recipe 5

Summer たのしい海水浴

▶ p.15

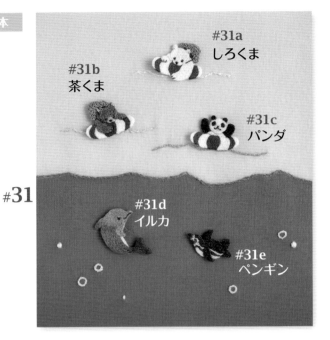

#31a
しろくま

#31b
茶くま

#31c
パンダ

#31

#31d
イルカ

#31e
ペンギン

使用する糸
【しろくま】
347、729、839、869、3033、3865
【茶くま】
167、347、729、738、839、869、3865
【パンダ】
224、347、844、3865
【イルカ】
322、334、413、825、3755、3865
【ペンギン】
413、3865

実物大図案

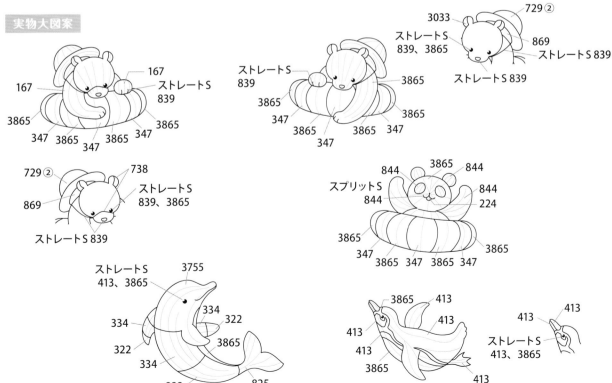

167

167

3865

347　3865　347　3865　347

ストレートS
839

ストレートS
839
3865
347
3865
347

3865

3865
3865　347

3033
ストレートS
839、3865

729 ②

869
ストレートS 839

ストレートS 839

729 ②　　738
869
ストレートS
839、3865

ストレートS 839

844　3865　844
844
スプリットS　　　224
844

3865　　　　3865
347　3865　347　3865　347

ストレートS
413、3865　3755
334
322
322
334　3865
322　　825

3865　413
413
413　413
413
3865

413　413
ストレートS
413、3865

※ 3755 → 334 → 322 → 825 の順でグラデーションに

茶くまとしろくまを刺す

#31a
しろくま

作品見本

#31b
茶くま

※しろくまの刺し方は、
茶くまと同じです

Process

1 茶くまの顔と体から刺し始める。鼻は動物の目と同じ刺し方で、ストレートSを重ねて刺す。

2 目と爪のラインも刺し、茶くまを完成させる。

3 麦わら帽子の濃い影を刺す。

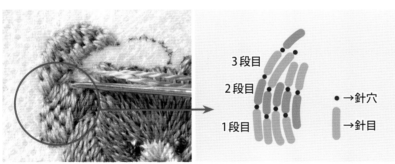

3段目

2段目

1段目

●→針穴

▮→針目

4 麦わら帽子のロング＆ショートSは、前の段の糸端と同じ針穴に刺すようにし、前の段の糸を割らずあえてざっくり刺す。

5 麦わら帽子を刺したところ。

6 浮き輪の白い部分を刺す。ステッチをゆるくカーブさせるように刺すと、立体感が出る。

7 浮き輪の赤い部分を刺す。

8 ストレートSで麦わら帽子のひもを刺して、茶くまの完成。

パンダを刺す

#31c
作品見本
パンダ

Process

1 顔は、鼻を中心にロング＆ショートSで刺し、口と目の部分は刺さずに残しておく。

2 口の中を刺し、口のラインをスプリットS、鼻をストレートSで刺す。

3 目の部分を刺す。

4 耳と腕を刺したら、パンダの完成。浮き輪は茶くまの浮き輪（p.85・6〜7）と同様に刺す。

ペンギンを刺す

#31e
作品見本
ペンギン

Process

1 体の黒い部分を刺す。

2 体の白い部分を刺す。

3 目は体と同じ色の糸で刺し、目の光を白で刺す。

イルカを刺す

#31d
作品見本
イルカ

Process

1 顔から下に向かって、順にグラデーションになるように刺していく。1色目は「3755」番の糸で、写真の位置を目安に刺す。

2 2色目は「334」番の糸で、グラデーションになるように色を繋げていく。

3 3色目は「322」番の糸で尾の付け根の少し手前まで刺す。

4 最後、4色目は「825」番の糸で尾の先までを刺す。

5 お腹の白い部分と目・口を刺して完成。

背景（海）を刺して仕上げる

#32

実物大図案

#32

スプリットS 3756②

スプリットS 3753②

スプリットS 3755②

スプリットS 334②　　※水面は布を波形に切る(p.89)

スプリットS 3865②

サテンS 3865②

サテンS 3865②

スプリットS 3865②

サテンS 3865②

スプリットS 3865②

使用する糸

334、3753、3755、3756、3865

88

シーチング生地（青）縦18×横25㎝・（水色）18×横25㎝、キルターズシークレット
※生地は事前に水通し（生地を水に浸し、軽く絞ってから平らに広げて干すことで、生地の縮みを防ぐ）をしておくとよい

Process

1 生地（青）の上端を、水面のように波形に切る。

2 波形に切った生地の裏面端にボンドを塗り、生地（水色）と貼り合わせる。

3 生地と生地の境目を隠すように、波のライン上にスプリットSを重ねていく。

4 スプリットSを刺したところ。

5 キルターズシークレットに波のラインや泡の図案を写す。

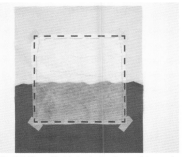

6 通常の生地にキルターズシークレットを使用する場合、ボンドは使用せず、周りをざっくりとした並縫いなどで縫いとめておく。

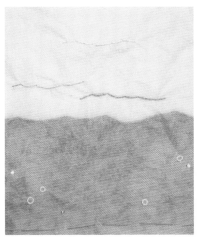

7 波のライン・泡を刺す。

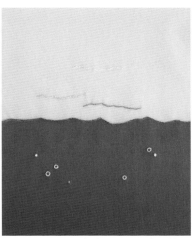

8 刺しゅうが完成したら図案を縫いとめた糸をほどき、生地ごと水につけて図案を溶かして仕上げる。

9 作品見本を参考に、各パーツを貼って完成。

Recipe 6

Autumn 色づく秋と動物たち

▶p.16

▶p.16

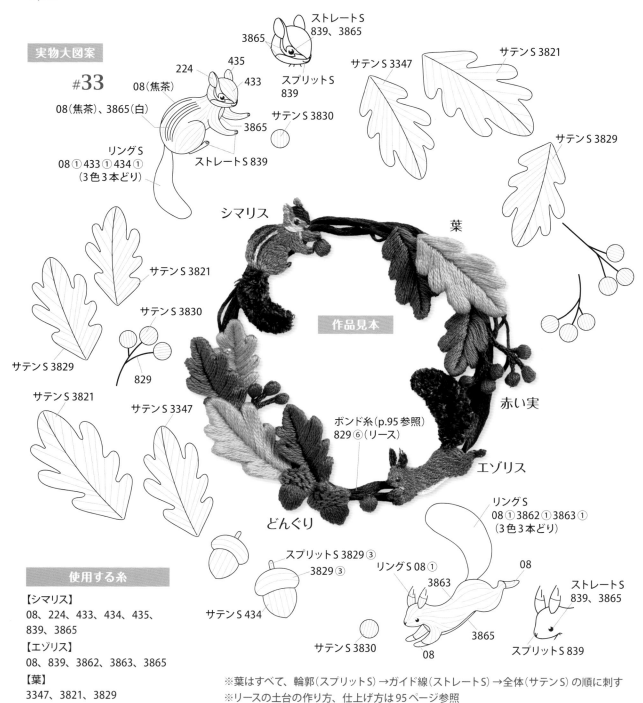

実物大図案

#33

224
435
08（焦茶）
433
08（焦茶）、3865（白）
ストレートS
839、3865
3865
スプリットS
839
サテンS 3830
3865
リングS
08① 433① 434①
（3色3本どり）
ストレートS 839

サテンS 3347
サテンS 3821
サテンS 3829

シマリス

葉

作品見本

赤い実

エゾリス

サテンS 3821
サテンS 3830
829
サテンS 3829
サテンS 3821
サテンS 3347

どんぐり

ボンド糸（p.95 参照）
829⑥（リース）

リングS
08① 3862① 3863①
（3色3本どり）
スプリットS 3829③
3829③
リングS 08①
3863
08
ストレートS
839、3865
サテンS 434
サテンS 3830
08
3865
スプリットS 839

使用する糸

【シマリス】
08、224、433、434、435、
839、3865
【エゾリス】
08、839、3862、3863、3865
【葉】
3347、3821、3829
【木の実】
829、3830
【どんぐり】
434、3829

※葉はすべて、輪郭（スプリットS）→ガイド線（ストレートS）→全体（サテンS）の順に刺す
※リースの土台の作り方、仕上げ方は95ページ参照

シマリスを刺す

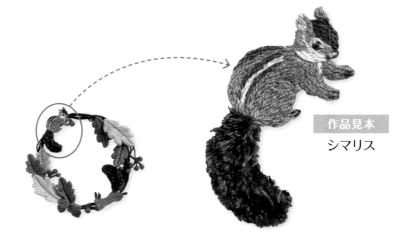

作品見本

シマリス

Process

1 しっぽをリングSで刺す。

2 体の茶色の部分を刺す。お尻は
しっぽのリングSの根本をおさえ
るように上から少しステッチを重
ねて刺す。

3 茶色の部分を全体刺したところ。

4 白いパーツ部分を刺す。

5 額と背中の縞模様などを刺したら、目や口、足先の爪
のラインを刺して完成。生地を溶かしたあと、しっぽ
のリングSをカットして仕上げる。

エゾリスを刺す

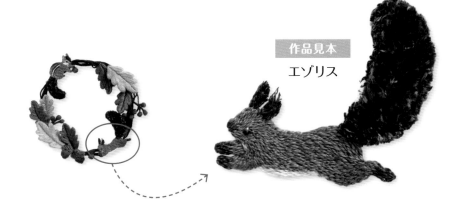

作品見本
エゾリス

Process

1 しっぽをリングSで、体をロング＆ショートSで刺す（耳・足先・お腹は残す）。お尻は、シマリスと同様にしっぽの根本をおさえながら刺す。

2 鼻先や足先の色の濃いパーツ、お腹の白い部分を刺す。

3 耳の先の3分の1くらいにリングSを刺す。

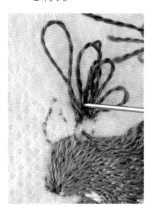

4 リングSの根本をおさえるように、耳の下部分をロング＆ショートSで刺す。

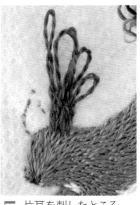

5 片耳を刺したところ。

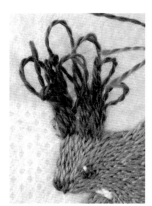

6 奥の耳と目を刺して、刺しゅうの完成。

7 生地を溶かしたあと、しっぽと耳のリングSをカットして仕上げる。耳の毛は斜めにカットする。

木の実を刺す

作品見本
木の実

Process

1 枝は、ロング＆ショートSで細く刺す。

2 実は枝から取れないよう、裏側で枝の糸にからめてから刺し始める。

布の裏

3 横向きのサテンSでざっくりと下刺しをする。

4 縦向きのサテンSを重ねていく。

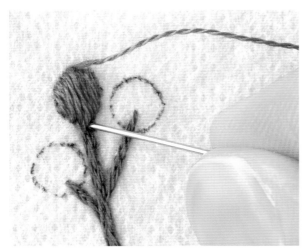

5 真ん中のあたりは数回ステッチを重ねて、ころんとした丸みを出す。

6 全体を刺したところ。

どんぐりの実と葉を刺す

作品見本

どんぐりの実　　　　　　どんぐりの葉

Process

1 木の実と同様に、横向きにざっくりサテンSで下刺しをする。

2 縦向きにステッチを重ねる。真ん中のあたりはステッチを重ねて丸みを出す。

3 どんぐりの帽子を前の糸を割らないざっくりとしたロング＆ショートSで刺す（p.85・4参照）。

4 帽子のてっぺんの細い部分は、スプリットSで刺す。

5 葉は、輪郭→ガイド線の順で刺したあと、ガイド線の間を埋めるようにサテンS。

6 全体を埋めて完成。

7 他の色の葉も同様に刺す。

リースを仕上げる

Process

1 ジッパー付きの袋や小さめの容器に、水2：ボンド1で混ぜたボンド液を入れる。刺しゅう糸を6本どりのまま、45cmにカットしたものを5本用意する。

2 ボンド液に糸を浸し、軽く水気を切る。

直径：約8cm

3 キッチンペーパーの上で丸くリースの形に糸をまとめ、乾かして固める。あえて糸が少しばらけるようにねじり、糸端は裏の方に隠すようにまとめるとリースの自然な感じに仕上がる。

4 作品見本を参考に、パーツをリースに貼っていく。シマリスとエゾリスには木の実を1個ずつ手の先に貼る。

5 葉や木の実も、バランスを見ながら重ねて貼り合わせていく。

6 完成。

95

#34

作品見本

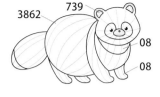

タヌキ

実物大図案

3862　739

08

08

ストレートS
3799、3865

08

サテンS
739

ストレートS
3799

使用する糸

08、739、3799、
3862、3865

◁ OnePoint ▷

A

鼻周りは横向きのステッチで刺す。

B

目の周りの焦茶色の部分は、鼻の点を中心に放射線状にステッチを広げるように埋めていく。

C

同様に、鼻の点を中心に放射線状にステッチを広げるように顔全体を刺していく。

#35

作品見本

レッサーパンダ

実物大図案

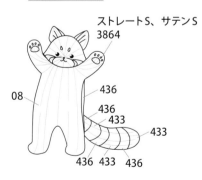

ストレートS、サテンS
3864

08

436

436
433

433

436　433　436

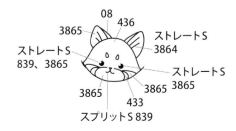

08　436

3865

ストレートS
839、3865

ストレートS
3864

ストレートS
3865

3865

3865

433

スプリットS 839

使用する糸

08、433、436、839、
3864、3865

◁ Hint ▷

刺す順番：顔の茶色（436）部分→
口周り・額・耳などの白い部分→
体 焦茶（08）部分→背中、しっぽ
（436、433）→肉球→目や鼻口

#39

作品見本 　　　ハリネズミ

実物大図案

リング S
08④739①3862①
（3色6本どり）

ストレート
S839

ストレートS
839、3865

739

使用する糸
08、739、839、3862、3865

⫸ Digest ⫷

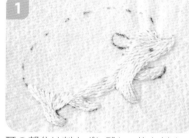

1 耳の部分は刺さずに残して体を刺す。

2 リングSで背中のトゲトゲを刺す。

3 リングSの根本をおさえるように、耳を刺す。

4 リングSの根本をおさえるように生え際を刺して馴染ませる。

5 目と鼻を刺す。

6 生地を溶かし、リングSをカットして仕上げる。

#40

作品見本

フクロウ

実物大図案

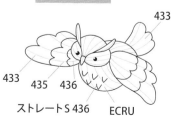

433

433 　435 　436

ストレートS 436　　ECRU

ストレートS
839、3865

サテンS
3821

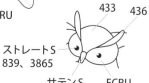

433 　　436

ECRU

使用する糸
ECRU、433、435、436、
839、3821、3865

⫸ Hint ⫷

刺す順番：顔・お腹ベージュ部分→顔 茶色部分→
顔 焦茶部分→羽〜尾→お腹の模様→目・くちばし

#38

作品見本

アライグマ

·Hint·

刺す順番：顔周りの白い部分→灰色の部分（07）→黒い（844）部分→目・鼻

実物大図案

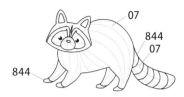

07
844
07
844

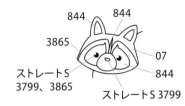

844　844
3865
07
ストレートS　844
3799、3865
ストレートS 3799

使用する糸

07、844、3799、3865

#36

作品見本

モミジ

※葉の刺し方は94ページ・5〜7参照

実物大図案

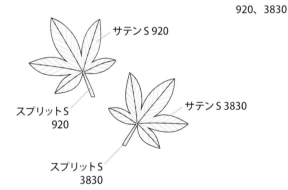

サテンS 920
スプリットS
920
サテンS 3830
スプリットS
3830

使用する糸

920、3830

#37

作品見本

イチョウ

実物大図案

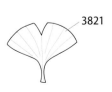

3821

使用する糸

3821

ワッペンの作り方

刺繍パーツをTシャツやポーチなどに縫い付けてワッペンに。簡単に仕上げたい場合は、ボンドで貼り付けてもOK。お気に入りの子といつでも一緒におでかけできます。

1 Tシャツなどワッペンをつけたい素材に刺しゅうをあてて、位置を決める。

2 ワッペン、または縫い付ける素材に近い色の糸を選び、玉結びをする。
※ここではわかりやすいよう赤い糸を使用

3 ワッペンをつけたい位置にあわせて、裏から針を出す。
※針は1本どり用のものより、少しだけ太めのしっかりした針がオススメ

4 ワッペンの裏側を針で小さくすくう（ボンドで固くなっているので怪我や針が曲がらないように注意）。

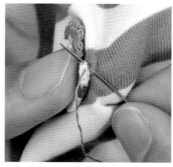

5 2針目は生地を小さくすくって、またワッペンの裏側を針ですくう。これをぐるりと一周繰り返す。

6 一周縫えたら裏側で玉どめをする。

7 表から見た縫い付け完成図。

8 横から見た縫い付け完成図。できるだけ表や横から見たときに糸が見えないのが理想。

9 硬い生地など縫い付けが難しい場合は、ボンドで直接貼り付けてもOK。ボンドが完全に乾いてから使用する。

Autumn おいしい秋

▶p.18

作品見本

#41

トイプードル白　　モンブラン　　トイプードル茶

実物大図案

ストレートS
839、3865

サテンS 739②

フレンチノットS
ECRU②1回巻き

ストレートS 839

スプリットS 839

ストレートS 839

フレンチノットS 739②1回巻き
（頭の下、足と体、お尻と尾の境目）

ストレートS
839、3865

サテンS 436②

ストレートS 839

フレンチノットS
436②1回巻き

スプリットS 839

ストレートS 839

フレンチノットS 434②1回巻き
（頭の下、足と体、お尻と尾の境目）

3865

サテンS 17

839

サテンS 3822⑥

436

使用する糸

【トイプードル 白】ECRU、739、839、3865
【トイプードル 茶】434、436、839、3865
【モンブラン】17、436、839、3822、3865

トイプードルを刺す

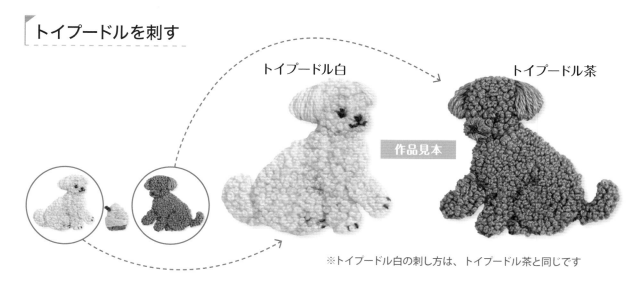

トイプードル白　　　　トイプードル茶

作品見本

※トイプードル白の刺し方は、トイプードル茶と同じです

Process

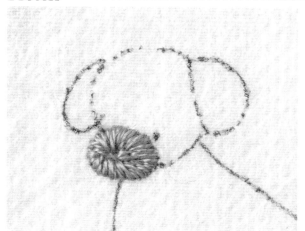

1　鼻周りをロング＆ショートSで刺す。

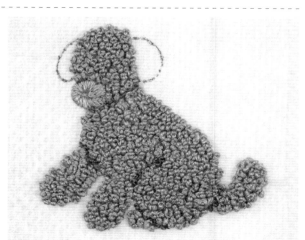

2　体をフレンチノットSで刺す。頭と体、奥の足との境目は濃い色の糸で刺す。

3　耳はストレートSをざっくり重ねる。

4　目などを刺して完成。

モンブランを刺す

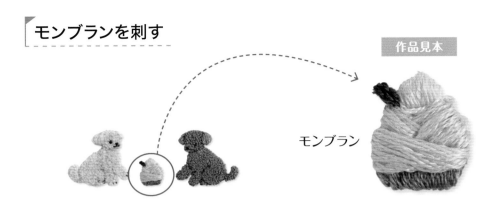

作品見本

モンブラン

1 タルトの部分を刺す。

2 6本どりでざっくりとサテンSで
マロンクリーム部分を刺す。

2段目
1段目

3 2段目以降は、針先を前の段にも
ぐらせるようにして刺す。

4 マロンクリーム部分を刺したと
ころ。

布の裏

5 生地を溶かしたときにばらけない
よう、裏面はいろいろな角度で多
めの回数すくってからめておく。

6 残りのパーツを刺して、完成。

#42

作品見本	実物大図案	使用する糸
		224、436、839、3865

柴犬

3865
436
3865
ストレートS 839

224　ストレートS
839、3865
ストレートS
3865
3865
839

⟨⟨ Digest ⟩⟩

1

顔と足の白い部分を刺す。

2

茶色い毛並みを刺す。カーブが強い
しっぽは、ガイド線を確認しながら
少しずつ角度を変えて刺し進める。

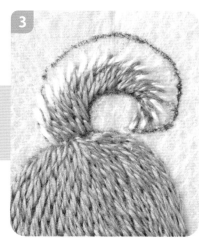

3

しっぽの白い毛は、まずざっくりとガイ
ド線の流れに沿ってロング＆ショー
トSの1段目を刺す。

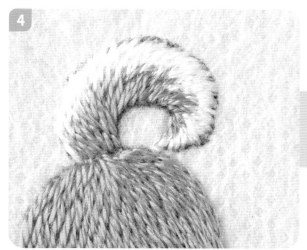

4

1段目の隙間を埋めるように、カーブに沿いながら少しずつ
しっぽの白い部分を刺していく。

5

耳の中、額の点や目鼻口、爪のラインを刺して完成。

#43

ビションフリーゼ

839、3865、3866

フレンチノットS
3865②1回巻き

フレンチノットS
3865③1回巻き

フレンチノットS
3865③1回巻き

フレンチノットS
3866①1回巻き
（鼻の周り、足の影）

ストレートS 839

ストレートS
839、3865

ストレートS 839

❧ Digest ❧

1

鼻の周り・奥側の足の影になる部分を
先にフレンチノットS1本どりの1回巻
きで刺す。

2

全身をフレンチノットS2本どりの1回
巻きで刺す。しっぽと口周りは刺さ
ずに残す。

3

しっぽと口周り以外を刺したところ。

4

しっぽと口周りをフレンチノットS3本どりの1回巻きで
刺す。

5

目や鼻、爪のラインを刺して仕上げる。

#44

作品見本

パグ

実物大図案

931
ECRU
ストレートS 3799

使用する糸

ECRU、08、224、931、3799、3865

ストレートS
3799、3865
08
08
224

⫷ Digest ⫸

1

鼻の点にむかうように、放射線状に顔を刺していく。

2

毛並みに沿って体を刺し進める。しっぽは毛並みに沿ってガイド線を先に刺してから、ガイド線の隙間を埋めるように刺す。

3

マズル（鼻周り）と耳を刺したところ。目と爪のライン、口の中、首輪を刺して完成させる。

#45

作品見本

コーギー

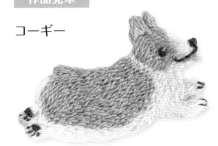

実物大図案

437
ストレートS 839
3865
ストレートS 839

使用する糸

224、437、839、3865

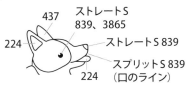

437
ストレートS
839、3865
224
ストレートS 839
スプリットS 839
（口のライン）
224

⟨Hint⟩

刺す順番：鼻先から刺し始め、白い部分→茶色の部分→耳・舌のピンク部分→目・口・爪のライン

#46

作品見本

ダックスフント

実物大図案

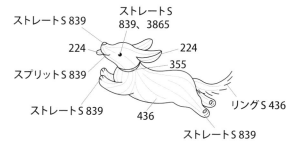

ストレートS 839

ストレートS
839、3865

224

224

スプリットS 839

355

ストレートS 839

436

リングS 436

ストレートS 839

使用する糸

224、355、436、839、3865

❦ One Point ❦

A

しっぽは、下側の輪郭に沿ってリングSを1列刺す。

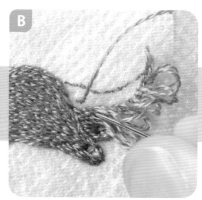

B

リングSの根本を上からおさえるように、しっぽの上側をロング&ショートSで刺す。

C

肉球は小さなストレートS。

#47

作品見本

りんご

実物大図案

スプリットS 08
3347

サテンS 355

使用する糸

08、355、3347

◇ Hint ◇

刺す順番：茎→実（赤い部分）→葉の順で刺す。茎は実の方にはみ出すくらい少しだけ長めに刺し、その上から実を刺すと茎と実がバラバラにならない。葉は裏で茎の部分に糸をからめてから刺し始める

#48
作品見本

洋梨

実物大図案

スプリットS 08
3347
サテンS 3819

使用する糸

08、3347、3819

※刺し方は「りんご」参照

#49
作品見本

さつまいも

実物大図案

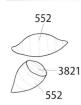

552
3821
552

使用する糸

552、3821

・Hint・

刺す順番：紫の皮→実の順に刺す。カーブを意識して刺すと立体感が出る

#50
作品見本

ぶどう

実物大図案

サテンS 3347
サテンS 552

使用する糸

552、3347

・Hint・

葉と実は別々に刺す。ぶどうのサテンSは、丸の真ん中あたりだけ数回ステッチを重ねると、ころんとした立体感が出る。生地を溶かしたあと、パーツを重ねてボンドでとめて完成

#51
作品見本

柿

実物大図案

サテンS 3819
3347
3776

使用する糸

3347、3776、3819

・Hint・

刺す順番：オレンジの部分→ヘタの緑→ヘタの黄緑部分

Recipe 8

Winter 冬の森

▶p.20

作品見本

#52

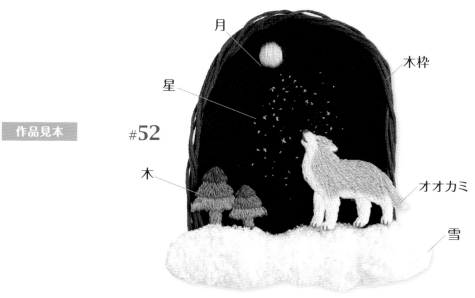

月

星

木枠

木

オオカミ

雪

実物大図案

スプリットS 3781③＋
ボンド糸(p.95参照)

677

DMC25番ラメ糸
（ライトエフェクト）
E168①

リングS BLANC⑥

ストレートS 08

スプリットS 08
3865

3865

453

ストレートS 08

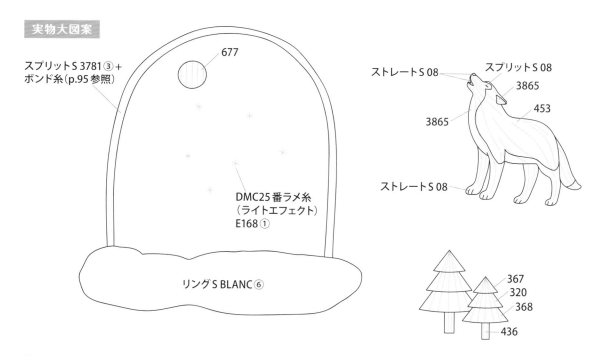

367
320
368

436

使用する糸

【オオカミ】08、453、3865
【木】320、367、368、436
【雪】BLANC
【月・星】677、E168（ラメ糸）
【木枠】3781

オオカミと木を刺す

作品見本

オオカミ

木

𝖯rocess

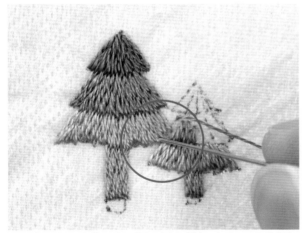

1 奥の木～手前の木の順で刺す（刺し方はp.38参照）。重なる部分は奥の木の糸を刺して割るようにして上から刺す。

2 白→グレーの順で、オオカミの体を刺す。

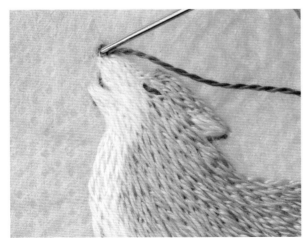

3 鼻はストレートSを自由に重ねて刺す。

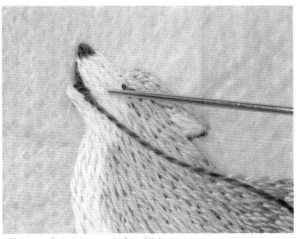

4 口の中もストレートSで刺す。

背景（夜空）を刺して仕上げる

用意するもの

オックスフォード生地（濃紺）
縦16cm×横16cm 1枚
キルターズシークレット

Process

1 図案をキルターズシークレットに写す。

2 図案と同じサイズに切った無地のキルターズシークレットをボンドで生地に貼り（ボンドは生地の四辺のみに塗る）、その上に図案を写したキルターズシークレットを貼る（図案の線を見えやすくするため）。

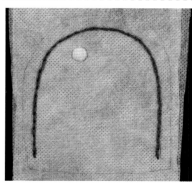

3 月を刺す。木の枠は3本どりのスプリットSで、位置がわかる程度にざっくりと刺す。月と木の枠が刺せたら、図案を溶かして生地を乾かす。

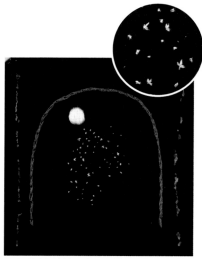

5 生地が乾いたら、「＊」「×」のような線をランダムに混ぜながら、お好みのバランスで星を刺す。

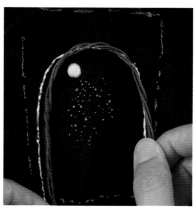

6 木枠のスプリットSにボンドを塗り、ボンド液で固めた糸（6本どり約20cmを4本）をねじるようにしながら貼り付ける（p.95参照）。

7 木枠の外側・図案の下部に、1〜2cmの生地を残し、余分な生地をカットする。外側の残した生地に1cmくらいの間隔でハサミで切れ目を入れる。

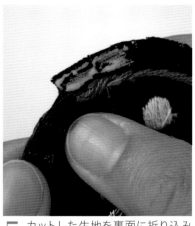

5 カットした生地を裏面に折り込みながら、ボンドでとめていく。

6 背景ベースの完成。

7 上から雪・オオカミ・木のパーツをバランスを見ながら貼り付けて完成。

#53

作品見本

シロフクロウ

実物大図案

ストレートS
535

3865

ストレートS
535、3865

サテンS
535

使用する糸

535、3865

⊮ Digest ⊯

1 くちばしの付け根を中心に、ロング＆ショートSで顔〜体のベースを刺す。

2 ステッチの向きに気をつけながら、羽を刺す。

3 反対の羽と尾羽も刺す。

4 目・くちばし・爪を刺す。小さなストレートSで縞模様を刺し足して完成。

#54

シマエナガ

実物大図案

ストレートS
535、3865　535
　　　　　436　3865
535　　　　　　　535
ストレートS
535
　　　　　　　　　3865
リングS 3865 ③

使用する糸
436、535、3865

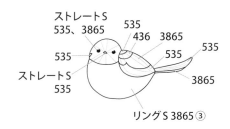

◤ Digest ◥

1 くちばしを中心に、ロング＆ショートSで顔を刺す。胸・お腹をリングSで顔の糸を少し割りながら刺す。

2 羽は、リングSに少し重ねて根本をおさえるようにして刺す。

3 全体の刺しゅうが完成したら、生地を溶かしてリングSをカットして整えて完成。

#55

作品見本

白鳥

実物大図案

スプリットS
535
3822
535
3865
762　3753 3752
932

使用する糸
535、762、932、
3752、3753、
3822、3865

◤ Digest ◥

1 体のベースから刺していく。

2 羽、くちばしを刺す。閉じた目はスプリットS。

#56

作品見本

モモンガ

実物大図案

サテンS
950

453

950

3865

リングS
07③ 453③

使用する糸

07、453、535、950、3865

ストレートS
535

ストレートS 950

ストレートS
535、3865

スプリットS 535

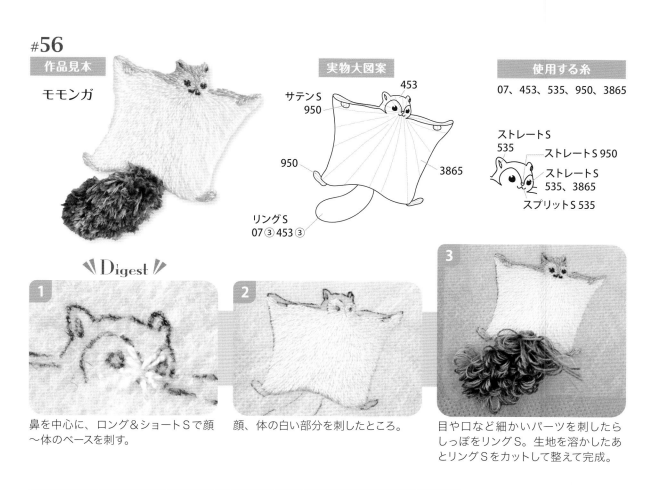

▎Digest▎

1 鼻を中心に、ロング&ショートSで顔〜体のベースを刺す。

2 顔、体の白い部分を刺したところ。

3 目や口など細かいパーツを刺したらしっぽをリングS。生地を溶かしたあとリングSをカットして整えて完成。

#57

作品見本

オコジョ

実物大図案

サテンS 950

ストレートS
535(鼻)

スプリットS 535
(口のライン)

3865

535

ストレートS
535

使用する糸

535、950、3865

▎Digest▎

1 体のベースから刺していく。

2 目やしっぽの先などを刺す。耳の中と目の光を刺して完成させる。

Recipe 9

Winter 猫たちの冬

▶ p.22

眠り猫A　眠り猫B　　黒猫

#58

作品見本

実物大図案

224
453
3865
453　　ストレートS
　　　840（縞模様）

224　　　　453
3865

224　　　ストレートS
　　　　224
ストレートS
サテンS
224
844

チェーンS
18③

18③

ストレートS
840

ストレートS
224

ストレートS
224
ストレートS
840

スプリットS 535

ストレートS
224

スプリットS 3865

スプリットS 535

リングS
ECRU③

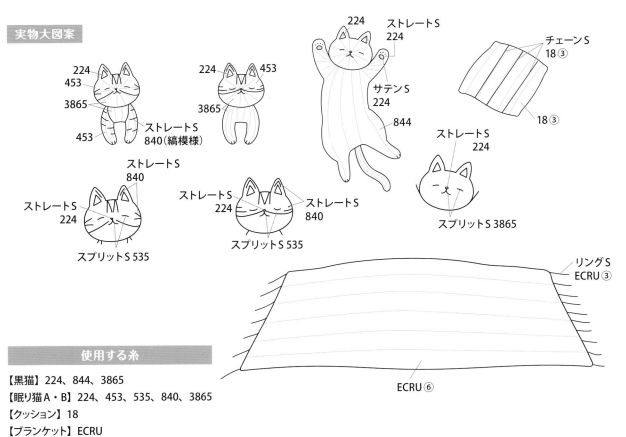

ECRU⑥

使用する糸

【黒猫】224、844、3865
【眠り猫A・B】224、453、535、840、3865
【クッション】18
【ブランケット】ECRU

眠り猫Ａ・Ｂを刺す

作品見本

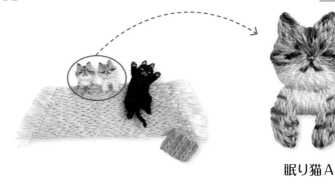

眠り猫Ａ　　眠り猫Ｂ

Process

1 眠り猫は、まず毛並みの白い部分を刺す。

2 グレーの部分を刺す。

3 縞模様を刺し足す（図案が小さいので、腕の部分もざっくりとストレートＳで縞模様を足す）。

4 目をスプリットＳで刺す。お好みの細さになるよう、数回重ねて刺してもOK。

5 目のカーブを針先で整えて完成。

黒猫を刺す

黒猫

Process

1 黒猫の顔は、鼻を中心に放射状に刺す。

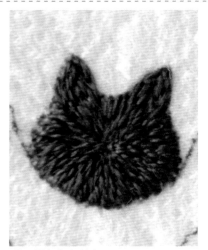

2 顔全体を刺す。

3 体のベースを刺す。

4 肉球はサテンSを何回か重ねてぷっくりさせる。

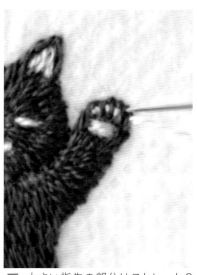

5 小さい指先の部分はストレートSで小さな点を刺すようにする。

6 目や鼻・耳・爪を刺して、完成。

116

ブランケットとクッションを刺す

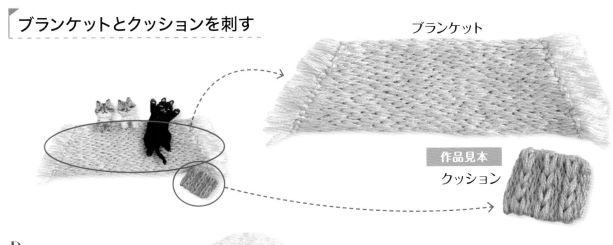

ブランケット

作品見本

クッション

Process

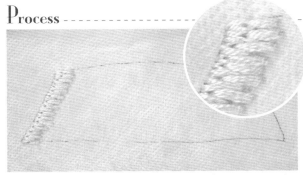

1 ブランケットは、端から6本どりでざっくりとロング＆ショートSで刺す。

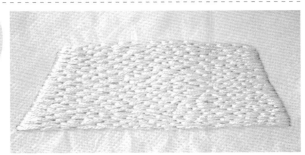

2 ベースを刺したところ。

3 フリンジのリングSは、根本の刺しとめ部分があえて見えるように刺す。ばらけないよう先に刺したロング＆ショートSの端を刺すようにする。

4 フリンジを刺したところ。生地を溶かしたらフリンジをお好みの長さにカットする。

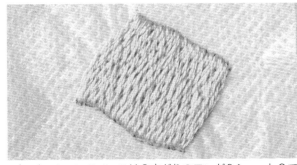

4 クッションのベースは3本どりのロング＆ショートSで刺す。

5 上から6本どりでチェーンSの模様を刺し足す。

#59

猫A

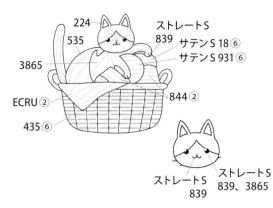

224
535
3865
ストレートS
839
サテンS 18 ⑥
サテンS 931 ⑥
ECRU ②
844 ②
435 ⑥

ストレートS
839
ストレートS
839、3865

【猫】224、535、839、3865
【カゴ・毛糸・布】
ECRU、18、435、844、931

❦ Digest ❦

1

体を刺す。

2

毛糸は6本どりのサテンSでふんわりと、黒いラベルは2本どりのサテンSで刺す。

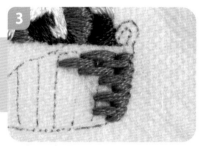

3

カゴは6本どりのロング＆ショートS。

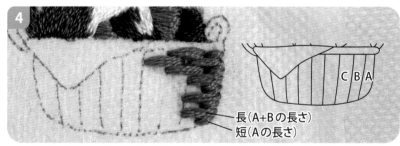

4

C B A

長（A＋Bの長さ）
短（Aの長さ）

カゴの端から図のように互い違いになるように長短を繰り返して刺す。ロング＆ショートSは、前の糸を割らないよう、前の糸の端あたりを刺す。

5

布の裏

ざっくりしたステッチは生地を溶かした際ばらけないように、裏側を多めにすくって補強しながら刺す。

6

カゴの縁はストレートSを2～3回重ねる。

7

持ち手はスプリットSで刺す。

8

2本どりのサテンSで白い布を刺す。

#61

作品見本

猫B

実物大図案

ストレートS
435

ストレートS
435
3865

3865

ストレートS
839

437

サテンS 21 ⑥

224

ストレートS
224

ストレートS
839、3865

スプリットS
839

使用する糸

【猫】224、435、437、839、3865
【毛糸玉】21

◁ Digest ▷

1

顔付近の白い毛並みの部分を刺す。

2

茶色の毛色の部分を刺す。

3

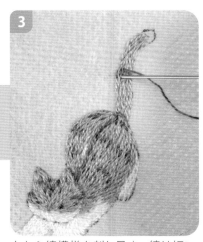

上から縞模様を刺し足す。縞は短いストレートSを毛並みと同じ方向に並べるようにして自由なバランスで刺す。

4

毛糸玉は6本どりのサテンSで円を刺したあと、上から別の角度でステッチを重ねる。

5

裏側で糸をからめたあと、毛糸玉のわきから糸を出し、お好みの長さを残してカットする。

6

糸端がほつれないよう、ボンドで固めておく。

#62

作品見本

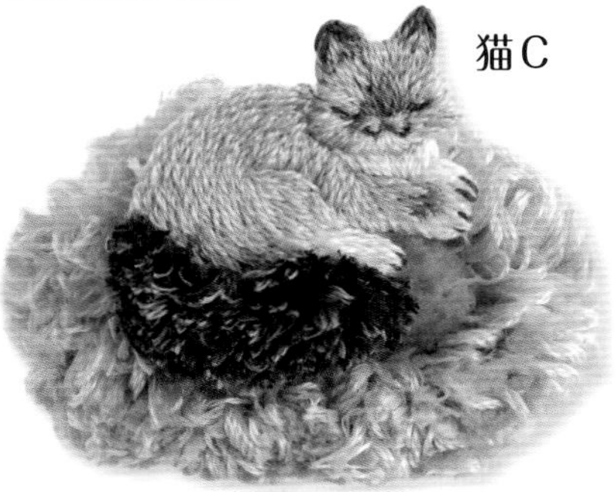
猫C

実物大図案

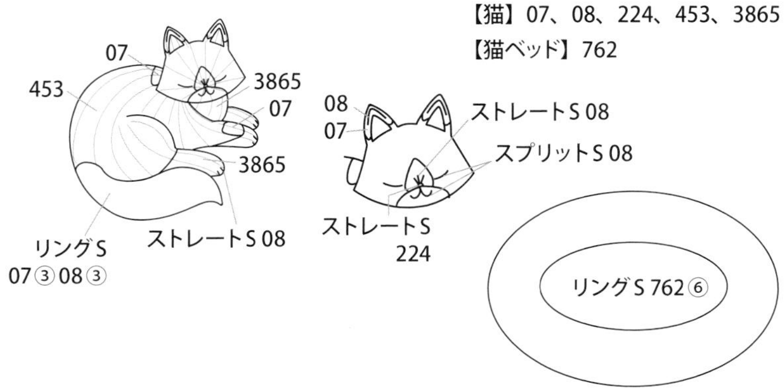
07
453
3865
07
3865
リングS
07③08③
ストレートS 08
08
07
ストレートS 08
スプリットS 08
ストレートS
224
リングS 762⑥

使用する糸

【猫】07、08、224、453、3865
【猫ベッド】762

Digest

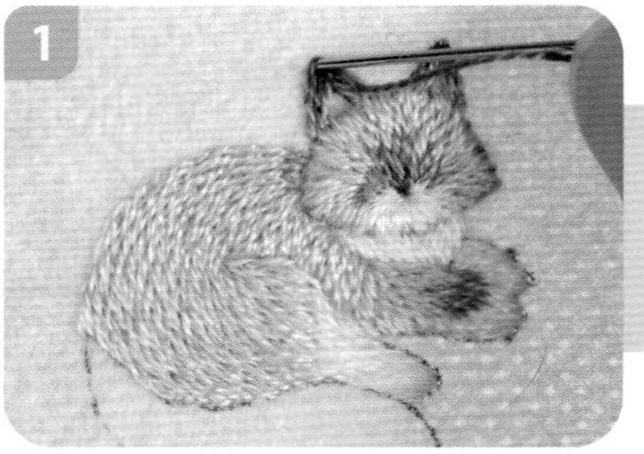
1

耳先や鼻上の色の濃い部分は全体を刺したあとに上から刺し足す。

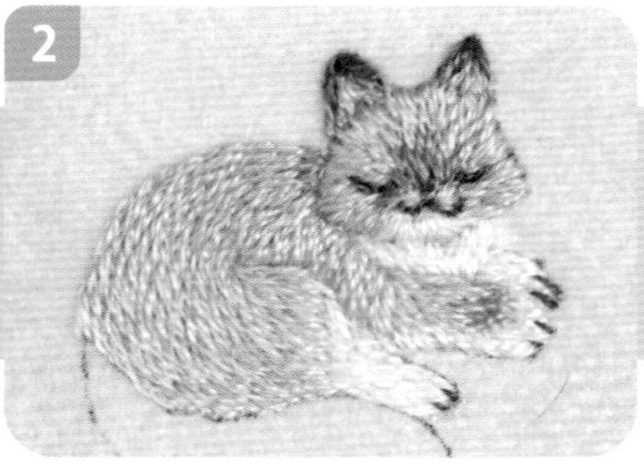
2

目鼻や口、爪などを刺す。

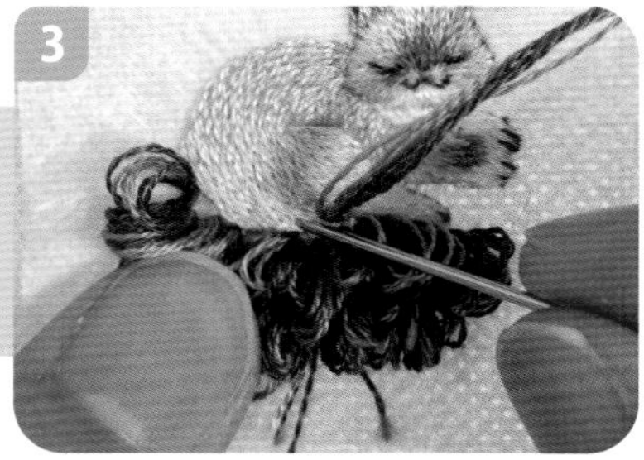
3

しっぽをリングSで刺す。生地を溶かしたときに体とばらけないよう、端は体の部分に少し重ねて刺す。

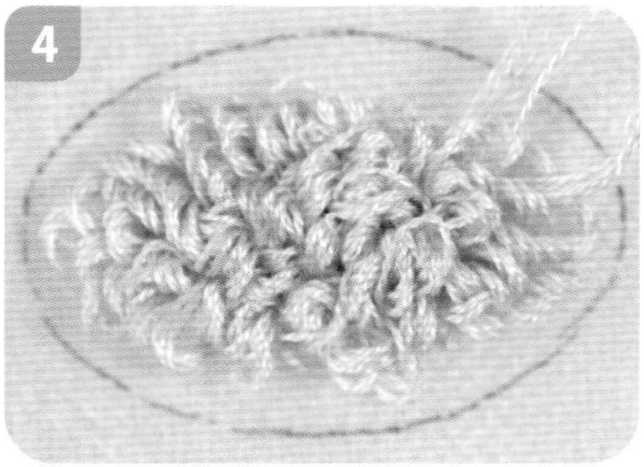
4

猫ベッドの内側の円の中をリングSで刺す。

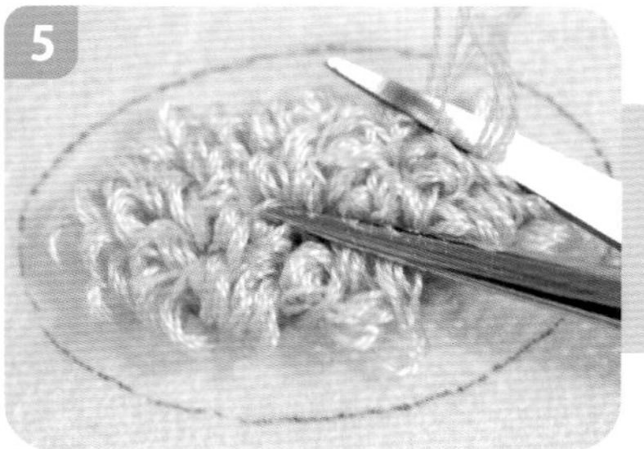
5

リングSを短めにカットする。

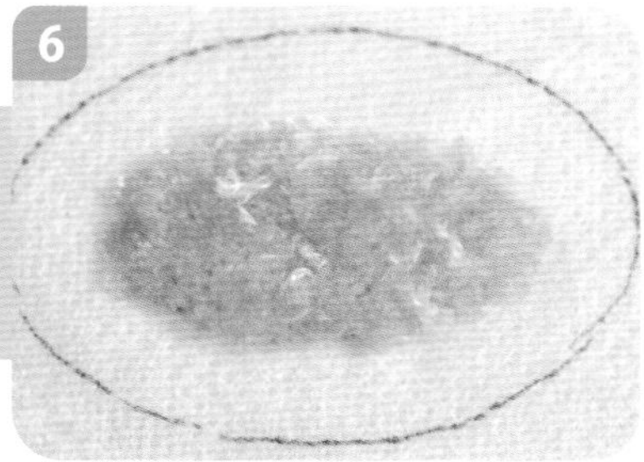
6

カットしたところ。

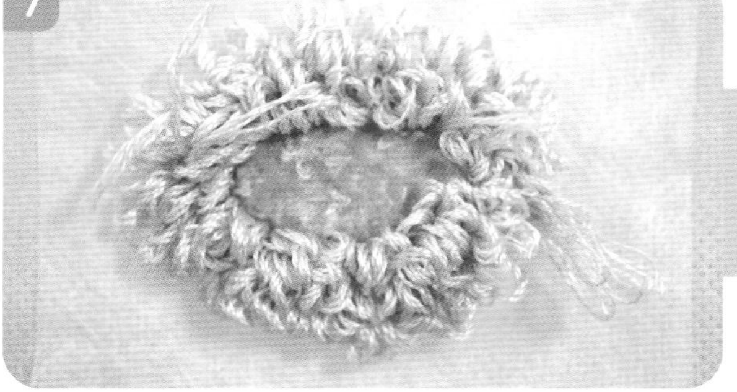
7

外側の円もリングSで刺す。

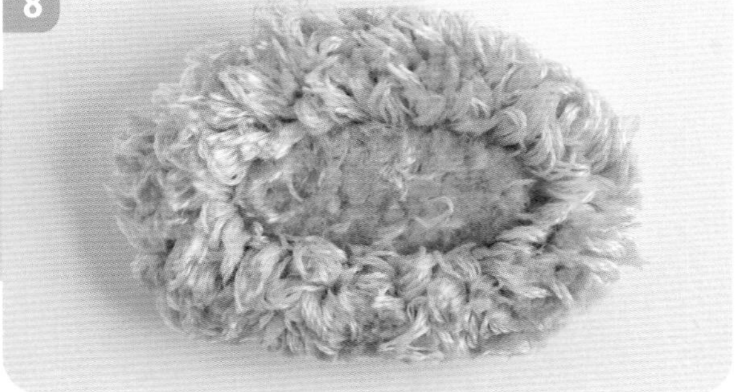
8

生地を溶かしたあと外側は長めにカットして仕上げる。

#60

作品見本

猫D

実物大図案

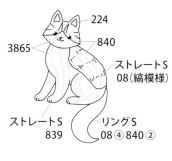

224
840
3865
ストレートS
08(縞模様)
ストレートS
839
リングS
08④ 840②

使用する糸

【猫】08、224、839、840、3865
【猫クッション】931

ストレートS
08
ストレートS
224
スプリットS
839
ストレートS
839、3865

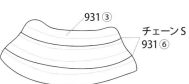

931③
チェーンS
931⑥

·Hint·

刺す順番：体の白い部分→茶
色の部分→縞模様→目・鼻・
口・耳の中・爪

#63

作品見本

猫E

実物大図案

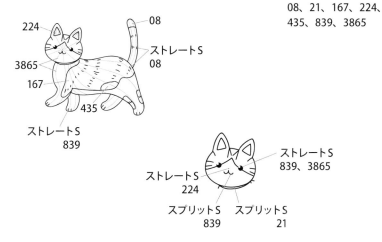

224
08
3865
ストレートS
08
167
435
ストレートS
839

ストレートS
839、3865
ストレートS
224
スプリットS
839
スプリットS
21

使用する糸

08、21、167、224、
435、839、3865

·Hint·

刺す順番：体の白い部分→茶
色の部分→縞模様→目・鼻・
口・耳の中・爪→首輪

※114〜121ページの猫たちは実際にモデルのいる子たちで、複雑な毛色の猫たちもあえて載せています。
ご自分のおうちの子をモデルにするなど、毛色は自由にアレンジして刺してみてください。

Recipe 10

Winter **クリスマス** ▶p.24

#64

作品見本

ツリー

使用する糸

501、676、3863

実物大図案

（星の輪郭線）
スプリットS 676
サテンS 676
501
3863

◀ Digest ▶

1 星の部分は刺さずに残し、木を刺す。

2 トップの星は「#65 大きい星」参照。

#65

作品見本

大きい星

使用する糸

676

実物大図案

（輪郭線）
スプリットS 676
サテンS 676

◀ Digest ▶

1 輪郭をスプリットSでなぞったあと、ガイド線に沿ってサテンSで面を埋めていく。

2 完成。

#66

作品見本

ヒイラギ

使用する糸

356、501

実物大図案

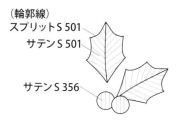

（輪郭線）
スプリットS 501
サテンS 501
サテンS 356

◀ OnePoint ▶

葉の輪郭、ガイド線を刺してから面を埋めていく。実はざっくり下刺しをしておく。木の実（p.93）と葉（p.94）の作り方参照。

#70

作品見本

ジンジャーマン

使用する糸

501、3863、3865

実物大図案

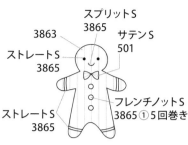

スプリットS
3865
3863
サテンS
ストレートS
501
3865
ストレートS
3865
フレンチノットS
3865①5回巻き

❚❚ Digest ❚❚

1

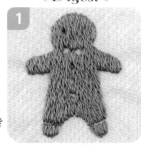

ベースの体を刺す。

2

顔やリボンなどの装飾を刺す。手足のラインはストレートSを2回重ねる。

#72

作品見本

リース

使用する糸

356、501、3865

実物大図案

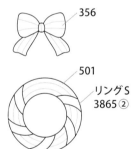

356

501

リングS
3865②

❚❚ Digest ❚❚

1

モールのかかる部分はあけて、ベースの葉の部分を刺す。

2

モールとリボンを刺す。生地を溶かしたあと、モールのリングSを短くカットし、リボンをボンドで貼り合わせる。

#73

作品見本

ケーキ

使用する糸

356、3863、3865

実物大図案

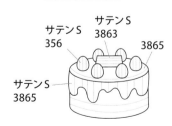

サテンS
356
サテンS
3863
3865
サテンS
3865

❚❚ Digest ❚❚

1

ベースのクリームを刺す。

2

いちごとプレートを刺して完成。

#75

作品見本

ことり

実物大図案

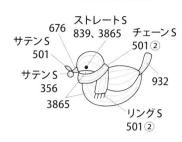

ストレートS
839、3865

676

サテンS
501

チェーンS
501②

サテンS
356

3865

932

リングS
501②

One Point

A

体の白い部分→水色の部分
の順に刺す。

B

布の裏

くちばしと木の実はパーツ
が小さいので、生地を溶か
したあとにばらけないよう、
裏面で糸を数回絡めてから
刺す。

使用する糸

356、501、676、839、932、3865

#76

作品見本

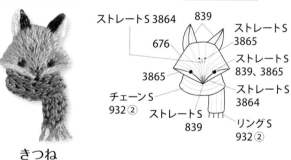

きつね

実物大図案

ストレートS 3864

839

676

3865

ストレートS
3865

ストレートS
839、3865

チェーンS
932②

ストレートS
3864

ストレートS
839

リングS
932②

One Point

A

マフラーは、チェーンSで
右から左、左から右と往復
するように刺す。

B

フリンジはリングSで刺し、
生地を溶かしたあとにお好
みの長さに切り揃える。

使用する糸

676、839、932、3864、3865

#84

作品見本

トナカイ

実物大図案

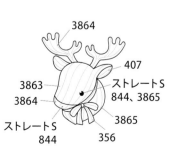

3864

407

3863

3864

ストレートS
844、3865

3865

ストレートS
844

356

Digest

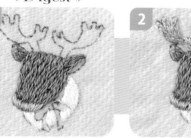

1

顔などベースになる部分を
刺す。リボンの部分は刺さ
ずに残す。

2

目や鼻・リボンを上から刺
す。形が複雑で細い角は、
ロング＆ショートSを短め
にステッチを重ねて刺す。

使用する糸

356、407、844、3863、3864、3865

#67

作品見本

実物大図案

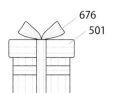

676
501

プレゼント

使用する糸

501、676

#68

作品見本

実物大図案

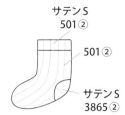

サテン S
501②

501②

サテン S
3865②

くつした

使用する糸

501、3865

#69

作品見本

実物大図案

356

676

サテン S
676

ベル

使用する糸

356、676

#71

作品見本

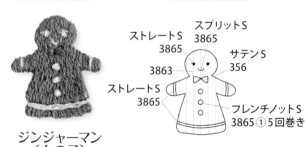

実物大図案

ストレート S
3865

スプリット S
3865

サテン S
356

3863

ストレート S
3865

フレンチノット S
3865①5回巻き

ジンジャーマン
（女の子）

使用する糸

356、3863、3865

#74

作品見本

実物大図案

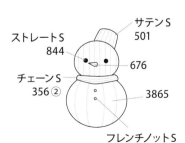

ストレート S
844

チェーン S
356②

サテン S
501

676

3865

フレンチノット S
3863①5回巻き

雪だるま

使用する糸

356、501、676、844、3863、3865

#77

作品見本

実物大図案

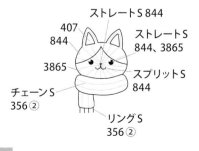

ストレート S 844

407
844

3865

チェーン S
356②

ストレート S
844、3865

スプリット S
844

リング S
356②

ねこ

使用する糸

356、407、844、3865

#78

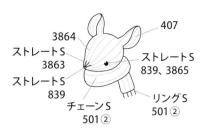

3864
ストレートS
3863
ストレートS
839

407
ストレートS
839、3865
チェーンS
501②
リングS
501②

ねずみ

407、501、839、3863、3864、3865

#79

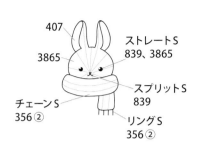

407
3865
ストレートS
839、3865
スプリットS
839
チェーンS
356②
リングS
356②

うさぎ

356、407、839、3865

#80

ストレートS 839
3863
3864
チェーンS
501②
サテンS
407
ストレートS
839、3865
スプリットS
839
リングS
501②

ちゃくま

407、501、839、3863、3864、3865

#81

ストレートS 839
3865
3865
チェーンS
356②
サテンS
407
ストレートS
839、3865
スプリットS
839
リングS
356②

しろくま

356、407、839、3865

#82

フレンチノットS
3856②1回巻き
3865
フレンチノットS
3856②1回巻き
356
ストレートS 3863
ストレートS 844
フレンチノットS
3856①5回巻き

サンタクロース

356、844、3863、3865

#83

356
リングS
3865③

サンタの帽子

356、3865

#85

作品見本

おうち

実物大図案

3864
リングS
3865 ③
932
サテンS
676
3864

使用する糸

676、932、3864、3865

#86

作品見本

マグカップ

実物大図案

3863
932
3865
ストレートS
3865
フレンチノットS
3865 ① 1回巻き

使用する糸

932、3863、3865

#87

作品見本

手袋

実物大図案

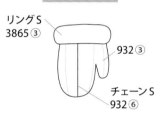

リングS
3865 ③
932 ③
チェーンS
932 ⑥

使用する糸

932、3865

◇ Hint ◇

✓ **オーナメントに仕立てるには**

1

作った刺しゅうパーツをオーナメントに仕立てるには、まずパーツの大きさにカットした裏生地（p.54「ブローチの作り方」参照）を用意します。輪っかにした紐を刺しゅうパーツと裏生地の間に挟みこんでから、ボンドで貼り合わせます。

2

刺しゅうパーツは軽いので細めの糸でも大丈夫。ここでは金のミシン糸を使用していますが、お好みの太さや色の糸で作ってみてください。

127

■ 著者紹介

itosino（EdaMaki）

動物大好き刺しゅうクリエイター。
2015年より刺しゅう活動を開始。
もっと新しく自由な刺しゅうを追求し、2020年「ソリュブル刺しゅう」を考案。
「あなたの毎日をちょっと愛しくする、小さな刺しゅうの物語」を活動のコンセプトに、
作品にふれた人が優しい気持ちで毎日を楽しめるよう、
小さくて愛嬌のある、糸から生まれた「糸しい」動物たちの姿をお届けしている。

itosino

HP https://itosino.net/
SHOP https://itosino.com/
Instagram https://www.instagram.com/itosino_mori/

本書の制作にあたり、SNSでは「うさぎ」「ねこ」の毛色モデルのご協力をいただきました。
ご協力いただいたモデルのみなさまありがとうございました。
（順不同・敬称略）
「うさぎモデル」　ぽぽ、りぼん、あお、パフ
「ねこモデル」　フラン、めい、ズキ、つゆ、コタ、にゃん、みお

STAFF

本文編集／デザイン／DTP：アトリエ・ジャム（http://www.a-jam.com/）
表紙デザイン：EdaMaki／アトリエ・ジャム
撮影：大野 伸彦／山本 高取／EdaMaki
編集統括：アリーチェ・コーミ（ホビージャパン）

いとしの小さな小さな動物刺しゅう

2024年1月31日　初版発行

著　者　itosino（EdaMaki）
発行人　松下 大介
発行所　株式会社ホビージャパン
　　　　〒151-0053 東京都渋谷区代々木 2-15-8
　　　　電話 03-5354-7403（編集）
　　　　電話 03-5304-9112（営業）
印刷所　シナノ印刷株式会社
